Entspannen Sie sich selbst

W0187395

Joachim H. Angerstein

Entspannen Sie sich selbst

Ausgeglichen mit autogenem Training

- Die innere Ruhe finden
- Körperliche und seelische Probleme lösen
- Konzentrationsfähigkeit steigern

Redaktionelle Mitarbeit:
Miriam und Thomas Schmidt

MIDENA

Der Autor: Joachim H. Angerstein, Heilpraktiker und Psychotherapeut, ist Autor zahlreicher Ratgeber zu medizinischen und psychologischen Themen.

Hinweis: Die Inhalte des vorliegenden Ratgebers sind sorgfältig recherchiert und erarbeitet. Dennoch kann aus rechtlichen Gründen weder vom Autor noch vom Verlag eine Haftung oder Gewähr übernommen werden.

Es ist nicht gestattet, Abbildungen dieses Buches zu scannen, in PCs oder auf CDs zu speichern oder in PCs/Computern zu verändern oder einzeln oder zusammen mit anderen Bildvorlagen zu manipulieren, es sei denn mit schriftlicher Genehmigung des Verlages.

Die Deutsche Bibliothek – CIP-Einheitsaufnahme

Angerstein, Joachim H.:
Entspannen Sie sich selbst : ausgeglichen mit autogenem Training ; die innere Ruhe finden, körperliche und seelische Probleme lösen, Konzentrationsfähigkeit steigern / Joachim H. Angerstein. – München : Midena, 1998
ISBN 3-310-00467-8

Midena Verlag, München
© 1999 Weltbild Ratgeber Verlage GmbH & Co. KG
Alle Rechte vorbehalten

Redaktion: Franz Leipold
Fotos: Mauritius/Eigstler S. 2, –/Sammy S. 16, –/AGE S. 24, –/Phototheque SDP S. 29, –/MTI S.34, – SST S. 45, –/Weber S. 59, –/Mallaun S. 64, –/Visa Image S. 68, –/Lehn S. 75, –/Pigneter S. 80, –/Arthur S. 103, –/Powerstock S. 114, –/Hubatka S. 129; Tony Stone/Ralf Gerard S. 53, –/Rick Rusing S. 96, –/Paul Figura S. 98, –/James Darrell S. 132, –/Dale Durfee S. 142
Umschlaggestaltung: S/L Kommunikation
Umschlagfotos: IFA Bilderteam/IPP
Satz: Gesetzt aus der Stone Serif von satz-studio gmbh, Bäumenheim
Druck und Bindung: Offizin Andersen Nexö, Leipzig – ein Betrieb der INTERDRUCK Graphischer Großbetrieb GmbH

Printed in Germany

ISBN 3-310-00467-8

Inhalt

Vorwort

Ziel dieses Buches ist es, Ihnen das Autogene Training und die wichtigsten darauf aufbauenden Mentaltechniken zu vermitteln – auf einem Weg, der größtmöglichen Erfolg verspricht. Für den Fortgeschrittenen ist dies mit Hilfe der von mir vorgeschlagenen Trainingswege schnell und sicher möglich. Aber auch für den Anfänger, der sich ohne Vorkenntnisse und eventuell ohne die Unterstützung einer Gruppe oder eines Therapeuten um das Autogene Training bemüht, habe ich alle Hilfen erwähnt, die sich in meiner über 30jährigen Tätigkeit als Übungsleiter bewährt haben.

Mit Hilfe des Autogenen Trainings werden Sie lernen, Ihre Körperfunktionen zu harmonisieren, sich selbst besser zu verstehen und Ihren Geist so zu programmieren, daß Ihr Leben erfüllter, gesünder und erfolgreicher wird. Dabei werden Ihnen auch die Grenzen des Autogenen Trainings nicht verschwiegen, so daß Sie mit diesem Ratgeber alles Wissenswerte zum Thema in verständlicher Form erfahren.

Neben vielen anderen, die mir im Rahmen meines beruflichen Werdeganges mit Rat und Tat zur Seite standen, möchte ich an dieser Stelle meinen besonderen Dank aussprechen *Prof. Johannes Heinrich Schultz*, bei dem ich in Berlin das Autogene Training erlernen durfte, *Prof. Hanscarl Leuner*, der mir durch das Katathyme Bilderleben half, die Innenwelten meiner Patienten besser zu verstehen, und nicht zuletzt *Dr. Carl Simonton*, der mir in seiner liebevollen Art Impulse gab, um Imagination und Visualisation gezielt zur Hilfe für kranke Menschen einzusetzen. Ohne ihre wertvolle Unterstützung hätte ich weder der werden können, der ich heute bin, noch hätte dieses Buch entstehen können.

Ich bedanke mich für das Vertrauen, das Sie mir mit dem Kauf dieses Buches entgegengebracht haben. Wenn Sie Fragen zum Autogenen Training haben und bereit sind, weiter an sich zu arbeiten, so stehe ich Ihnen gern in Einzel- und Gruppenstunden und während spezieller Therapiewochen mit Rat und Tat zur Verfügung. Sie erreichen mich unter:

Postfach 1109
94228 Viechtach
Fax: (0 99 42) 56 40
http: //www.Angerstein.de
Email: Angersteine@t-online.de

Im Frühjahr 1998
Joachim H. Angerstein

Entspannung – ein Rettungsanker in der Hektik unserer Zeit

Entspannung ist zu einem Schlüsselbegriff der modernen Zeit geworden. Unangenehme Alltagsbeschwerden, die – wenn nichts dagegen unternommen wird – sogar organische Krankheiten auslösen können, führen uns dazu, neue Wege zu suchen. Gerade Entspannungsverfahren wie das Autogene Training bieten hier eine wichtige Hilfe.

Entspannungsverfahren können bei körperlichen und seelischen Problemen helfen.

Kommen zu den körperlichen und psychischen Beschwerden auch noch familiäre und berufliche Probleme hinzu, wächst in uns die Sehnsucht nach einer Insel innerer Ruhe und Gelassenheit. In schweren Krisen ist der Wunsch, flüchten oder gar sterben zu dürfen, nicht selten. Treten Gedanken dieser Art auf, sollten Sie dieses Alarmzeichen des Körpers sehr ernst nehmen und fachliche Hilfe suchen.

Entspannung oder Erschöpfung?

Oft wird der Zustand der Ruhe mit Erschöpfung verwechselt, wie sie zum Beispiel nach lang anhaltender, lauter Musik oder nach Einnahme von Beruhigungsmitteln, Drogen oder Alkohol eintritt. Der für viele Menschen gleichbleibend monotone Alltag unterstützt die Sehnsucht, sich wenigstens im Kino oder Fernsehen mit den Helden aus Psychothrillern, Krimis, Horrorfilmen oder Western zu identifizieren und durch die vielen »mitgekämpften« Schlachten zu erschöpfen. Beim Zuschauer werden durch solche Filme Streßhormone freigesetzt, die aber im normalen Alltag gar nicht benötigt werden und sich deshalb gegen den eigenen Organismus richten können. Dadurch wird der Teufelskreis aus Streß und Streßüberlagerung geschlossen, der letztlich zu großen Krisen, Spannungen und Krankheiten führen kann, wenn nicht frühzeitig etwas dagegen unternommen wird.

Menschen, die gelernt haben, mit sich und ihrer Zeit etwas Sinnvolles anzufangen, die Freude an Beruf und Hobbys haben, sind daher weit weniger gefährdet, in den Strudel von Streß, streßbedingten Fehlleistungen und dem sogenannten Überforderungssyndrom zu geraten.

Hobbys – entscheidend für die Entspannung

Wie oft haben Sie sich schon bei dem Satz »Ich würde so gerne dies oder das machen, aber ich habe ja keine Zeit« ertappt? Es gibt dann nur zwei Möglichkeiten: Entweder sind Sie wirklich, trotz guter Zeitplanung, völlig ausgelastet, oder der Wunsch nach dem Hobby ist nicht ernst genug. Für alles, was einem wirklich am Herzen liegt, bringt man auch Zeit auf, selbst wenn man dafür früher aufstehen oder auf andere liebgewordene Dinge verzichten müßte.

Beachten Sie

Wenn die berufliche oder private Situation nicht so optimal ist, hat die Beschäftigung mit einem Hobby eine ganz wichtige Bedeutung: Sie hält die seelische Balance und damit die Leistungsfähigkeit aufrecht.

Haben Sie den Mut, Ihr Hobby notfalls zu verteidigen, wenn Sie seine »heilende« Wirkung erkannt haben und Sie sich damit wohler und freier fühlen. Die dafür abgezwackte Zeit ist nicht verloren, sondern sie bedeutet einen Gewinn an Gesundheit, Freude und Lebensqualität. Und ein Hobby ist – solange es nicht ekzessiv betrieben wird – schon gar kein Zeichen für Egoismus oder mangelnde Liebe, egal wie intensiv andere sich bemühen, Ihnen ein schlechtes Gewissen einzureden.

Wenn Sie noch nicht wissen, welches Hobby für Sie in Frage kommt, holen Sie sich zum Beispiel bei einem Freizeittherapeuten die notwendigen Informationen. Sind Beschwerden, Krankheiten oder Einschränkungen zu berücksichtigen, ziehen sie vorher am besten einen Sportarzt, Internisten oder Krankengymnasten zu Rate, denn natürlich ist nicht jedes Hobby für jeden Menschen geeignet.

Jedes Hobby hat jedoch einen spezifisch therapeutischen Schwerpunkt, und die meisten werden von der Gesellschaft anerkannt; das bedeutet, jeder kann sich damit selbst sinnvoll »therapieren«, ohne von anderen belächelt oder gar ausgegrenzt zu werden. Im Gegenteil, oft findet man unter Gleichgesinnten viele Freunde und erntet Lob und Anerkennung, wenn man in seinem gewählten Metier besonders begabt ist. Dies stärkt auch das Selbstwertgefühl, denn freudige Erlebnisse durch Leistungen, auf die man stolz sein kann, wirken sich immer harmonisierend und aufbauend aus.

Vorsicht

Die Ausübung des Hobbys darf aber nicht zu einer weiteren ständigen Überforderung Ihrer Energien führen, denn auch hier gilt: Fördern durch fordern, aber nicht überfordern!

Anders ausgedrückt: Steigern Sie die Anforderungen an sich selbst ganz allmählich und nur solange es noch Spaß macht.

Ein Spaziergang zwischendurch entspannt und fördert die Gesundheit.

Dabei sollten Sie unbedingt Körpersignale wie Müdigkeit, Unlust oder die plötzlichen »zwei linken Hände« beachten und richtig darauf reagieren. Gönnen Sie sich auch mal eine Pause oder machen Sie zwischendurch einen zügigen Spaziergang. Am besten gehen Sie eine halbe Stunde so schnell, daß Ihnen noch genügend Luft für eine Unterhaltung bleibt. Diese kleine Übung bringt Ihnen noch weitere gesundheitliche Vorteile für den Kreislauf, die Gefäße, die Muskulatur und den Knochenaufbau. Durch die höhere Sauerstoffzufuhr verbessert sich die Grundstimmung; außerdem werden die Lern-, Merkfähigkeit und die Konzentration erhöht. Ferner mindert Bewegung den Leidensdruck bei Depressionen und verlangsamt die Entstehung von offenen Beinen. Sie bekämpft beginnende Osteoporose und verscheucht beispielsweise das Mittagstief in der menschlichen Leistungskurve.

Verhaltensmuster blockieren die Entspannung

Offenheit für zwischenmenschliche Kontakte, Freundschaft, Hilfsbereitschaft und Zusammenhalt sind wichtige Voraussetzungen, um Vertrauen und Sicherheit zu erleben. Sind diese Grundlagen nicht vorhanden, können die schönsten und besten Entspannungsübungen nicht oder nur minimal greifen. Weitere Ursachen für Streß, Nervosität und Ruhelosigkeit sind Vertrauensverlust und Existenzangst. Daraus resultieren wiederum Angst, Unsicherheit, Mißtrauen, Habgier, Neid und die Unfähigkeit, loslassen zu können, was wiederum Streß und Ruhelosigkeit hochpeitscht.

Tip

- Schaffen Sie sich neben Ihrem Hobby einen weiteren Ausgleich, indem Sie an Ihrer Gefühls- und Gedankenwelt arbeiten. Sich Sorgen zu machen löst keine Probleme, sondern bringt nur depressive Stimmung und schlaflose Nächte. Nutzlose Gedanken sind es nicht wert, gedacht zu werden, egal wie heftig sie sich aufdrängen.
- Erziehen Sie sich dazu, nur zielgerichtete Gedanken zu erlauben; es wird Ihnen mit der Zeit immer besser gelingen.
- Vermeiden Sie es, sich Dinge anzusehen oder anzuhören, die Sie selbst nicht erleben möchten.
- Nehmen Sie sich das Recht, auch einmal »nein« zu sagen. Selbst wenn eine Distanz gegenüber dem Leid anderer besteht, reagieren Nerven und Hormone darauf mit allen Symptomen, wie schweißgebadetes Aufwachen in der Nacht, Verkrampfungen oder dem Gefühl, vor Entsetzen wie gelähmt zu sein.

Im Wachbewußtsein können wir die vegetativen Reaktionen mit Ausreden übertünchen und die Schuld im stressigen Arbeitstag, im Föhnwetter, bei den lauten Kindern und tausend anderen Gründen suchen. Daß der Fernsehabend, der ja die ersehnte Erholung und Freizeit verspricht, daran schuld ist, wird oft nicht erkannt oder ganz bewußt geleugnet, weil der Film doch so spannend ist. Aber Gedanken und Gefühle lassen sich eben nicht täuschen, sie wirken auf unser vegetatives Nervensystem ein, das unter ihrem Einfluß unseren Organismus und seine Funktionen belastet.

Wichtig

> Wenn Sie künftig entspannter und gelassener leben und nicht mehr der Spielball äußerer Einflüsse sein wollen, lernen Sie, nach Ihren wirklichen Bedürfnissen zu handeln. Nehmen Sie sich Zeit für sich, hören Sie auf Ihre innere Stimme. Gerade dabei wird Ihnen das Autogene Training eine große Hilfe sein.

Was ich damit meine, haben Sie sicher schon an sich selbst erlebt: Manchmal werden Sie mit Dingen konfrontiert, von denen Sie gar nicht wissen, was Sie damit anfangen sollen. Aber sagen Sie nie: »Warum soll ich gerade das lernen, das brauche ich sowieso nie im Leben.« Besser wäre: »Ich weiß noch nicht, wofür das mal gut ist!«

Das Zusammentreffen mit den unterschiedlichsten Menschen im Leben ist als Training des Miteinander-Auskommens, des Voneinander-Lernens sowie der gegenseitigen Hilfe gedacht. Schicksal ist nichts Fremdbestimmtes, sondern die Summe aller negativen Gedanken und Gefühle, die durch Wiederholung verstärkt und als materielle Tat verfestigt sind. Wenn gegen Fehler und Schwächen nicht angegangen wird, nehmen die negative Gewöhnung und ihre schädlichen Auswirkungen immer mehr zu; es wird immer schwieriger, die psychischen und psychosomatischen Symptome zu beseitigen. Das Schicksal reagiert ebenso auf alle positiven Gedanken und Gefühle, indem es Körper und Psyche harmonisiert und gesund hält. Es toleriert sogar gelegentliche Ernährungsfehler, wenn nicht allzusehr übertrieben wird.

Das Schicksal ist sehr geduldig und wartet auf unsere Korrekturen. Wer bereits einige Jahrzehnte sein Leben gestaltet hat, wird erlebt haben, daß oft viele Jahre zwischen Ursache und Konsequenz liegen. Meist ereilt uns die Veränderung als unangenehmer Schicksalsschlag und erzwingt eine Lebensänderung oder eine notwendige Kurskorrektur, die entweder passiv durchlitten oder aktiv gestaltet wird. Das Ergebnis dieser Leidensphase ist Reife, geistige Freiheit, Weitsicht, Gelassenheit, Vertrauen und Dankbarkeit. Wird die Annahme des Schicksals aber verweigert, wächst der Leidensdruck immer mehr, bis sich der Mensch selbst lähmt und letztlich den Lebenswillen aufgibt.

Tip

- Bewahren Sie die Fähigkeit, sich über kleinste Dinge und Situationen freuen zu können.
- Lernen Sie, Fehler anderer nicht persönlich zu nehmen und den, der den Fehler gemacht hat, in seiner Würde als Mensch weiter zu achten. Jeder Mensch lernt durch Fehler!
- Geben Sie lieber Hilfestellung, statt sich zu ärgern, denn auch Sie würden sich freuen, wenn Sie angenommen statt verurteilt werden, wenn Ihnen Vergleichbares passiert. Dieses Verhalten kommt beiden zu Gute.
- Nutzen Sie jede Gelegenheit, ehrlich von Herzen zu lachen. Dies vertreibt häßliche Gedanken und Launen und macht offen für kreative, gemeinschaftspflegende Ideen. Gleichzeitig hat das Lachen eine heilende Wirkung auf den gesamten Organismus.

Meiden Sie Langeweile um jeden Preis. Wer nichts mit sich anzufangen weiß, kommt auf die dümmsten Gedanken, ist unzufrieden, verliert zunehmend mehr Interessen und Fähigkeiten

Gute Musik trägt wesentlich zur Entspannung bei.

und wird sich und seiner Umwelt zur Qual. Das Ergebnis ist oft sinnlose Sachbeschädigung oder banale Redewendungen wie, »Ich habe genug zu tun«, »Warum soll ich dies oder das tun?« oder »Dafür bin ich schon zu alt«. Im gleichen Atemzug wird aber darüber geklagt, daß es anderen viel besser geht und das Schicksal mit einem selbst so ungerecht ist. Werden und bleiben Sie immer neugierig und wissensdurstig, es ist der beste Schutz gegen Langeweile sowie emotionale und geistige Verkalkung.

Lassen Sie sich von Ihrem Schicksal tragen. Es meint es gut mit Ihnen und führt Sie, egal ob Sie wollen oder nicht. Also, warum sich quer stellen? Lernen Sie, auf die Stimme in Ihrem Inneren zu hören, die ganz genau weiß, was gut und richtig für Sie ist, und nutzen Sie dazu das Autogene Training. Sie lernen damit, innerlich still zu werden und die Botschaften Ihrer inneren Stimme besser zu hören und zu verstehen.

Loben Sie sich, wenn Sie mit sich zufrieden sind, und belohnen Sie sich mit irgend etwas Schönem, mit Ausnahme von Nahrung. Sie dient einzig der Energieaufnahme und soll nicht als Lohn, Liebesersatz oder Trost zweckentfremdet werden. Ansonsten besteht die Gefahr, daß sich dieses Eßverhalten zu einem Suchtverhalten entwickelt; oder es kommt zum Übergewicht mit all seinen Schattenseiten.

Tip

Suchen Sie sich entspannende Musik aus. Immer wenn Sie müde und erschöpft sind, können Sie aus ihr Kraft tanken und wieder ins Gleichgewicht kommen.

Wie wirkt sich Streß aus?

Die Schwächung unseres Abwehrsystems durch belastende Streßsituationen (Disstreß) ist wissenschaftlich bewiesen. Für viele Infektionskrankheiten bereitet der Streß den Boden. Weniger bekannt ist, daß auch Erkrankungen des Bewegungsapparates durch die mit dem Disstreß einhergehenden Muskelverkrampfungen zumindest verstärkt werden.

Wer sich nachts ruhelos im Bett wälzt, bewußte oder unbewußte Alpträume durchlebt und dann am Morgen wie gerädert aufwacht, der hat am eigenen Leibe erlebt, daß Träume und Gedanken unseren Körper ebenso belasten wie tatsächlich erlebte und gefürchtete Situationen. Träume lösen die gleichen muskulären Anspannungen wie reale Situationen aus.

Streß ist ein Risikofaktor für eine Vielzahl verschiedener Erkrankungen.

Ständig angespannte Muskulatur, wie sie bei vielen von uns die Regel ist, übt einen Dauerdruck auf Gelenke und Gefäße aus; eine optimale Blutversorgung kann dabei nicht mehr erfolgen. Unsere inneren Organe werden förmlich von zwei Ebenen unter »Beschuß« genommen. Zum einen sind es über das vegetative Nervensystem vor allem negative Gedanken und Befürchtungen, die zur Verspannung und damit zu einer Verengung der Blutgefäße führen. Zum anderen reizt die erhöhte Anspannung der Rückenmuskulatur jene Nerven, die von der Wirbelsäule ausgehend die Organfunktionen steuern. Ein Körper, der auf derartige Weise ständig überfordert wird, muß eines Tages mit einer Vielzahl von Beschwerden reagieren. Eine vitalstoffarme Ernährung und zu wenig oder zu einseitig belastende Bewegung verstärken die Problematik zusätzlich.

Ich konnte in meiner Praxis und meinem Umfeld eine Reihe alt gewordener und dennoch jung gebliebener Menschen ausführlich über ihren Lebensstil befragen. Folgende Gemeinsamkeiten fielen mir dabei besonders auf:

- Ihre Ernährung war zwar nicht immer vorbildlich, aber sie war zumindest nicht üppig, sondern bescheiden.
- Der tägliche zügige Spaziergang oder mindestens eine halbe Stunde schweißtreibender Arbeit scheint jene Mindestlei-

Voraussetzungen für ein erfülltes und langes Leben

stung zu sein, die unser Körper braucht, um gesund und leistungsfähig zu bleiben.

- Wer nicht unter beruflichem Streß leidet, hat allerdings noch keine Sicherheit für ein gesundes und langes Leben. Fast alle der von mir beobachteten Menschen über 90 waren beruflich oder in Ehrenämtern noch sehr aktiv und dadurch geistig gefordert und fit, allerdings mit der einem gereiften Menschen eigenen Lässigkeit.

- Sehr auffällig war für mich außerdem, daß diese wirklich gereiften alten Menschen dem Leben und dem täglich zu erwartenden Tod sehr furchtlos und mit einer bewundernswerten inneren Gelassenheit gegenüberstanden. Neid, Haß und Mißgunst waren ihnen fremd, obwohl auch sie manchen Grund dazu gehabt hätten.

- Innere Ruhe und Gelassenheit sind sicher entscheidende Voraussetzungen für ein erfülltes und gesundes Leben. Interessant war für mich die Feststellung, daß jeder dieser von mir befragten alten Menschen im Laufe seines Lebens zu einer entspannenden oder meditativen Technik gefunden hat. Auf diese Weise gelang es ihnen offensichtlich, den Disstreß in ihrem Leben entweder besser zu bewältigen oder realer zu sehen.

Autogenes Training ist das zeitlich effektivste Entspannungsverfahren.

Im Laufe meiner nun fast 30jährigen Tätigkeit als Psychotherapeut, Heilpraktiker und Physiotherapeut habe ich mich mit allen bewährten Entspannungstechniken befaßt. Dabei habe ich festgestellt, daß Autogenes Training das zeitlich effektivste Entspannungsverfahren ist und auch dem Gestreßtesten eine deutliche Verbesserung der Lebensqualität bringt. Es ist ideal für Menschen, die an eine Grenze gestoßen sind und weitere Hilfe und Anregung brauchen oder erreichte Fortschritte stabilisieren und sichern wollen. Das Leben ist unser spannendstes Abenteuer, weil wir selbst die Hauptakteure sind. Was wir säen, werden wir ernten. Also säen wir etwas Vernünftiges!

Disstreß und Eustreß

Die moderne Forschung unterscheidet zwischen **Eustreß**, der erforderlich ist, um die Funktionen unseres Körpers durch ständiges Training am Leben zu erhalten, und **Disstreß**. Von Disstreß sprechen wir immer dann, wenn Körper und Psyche durch andauernde Überlastung Schaden erleiden. Wann jedoch für uns der lebenserhaltende Eustreß zum letztendlich tödlichen Disstreß wird, bestimmen wir mit unserem Verhalten, unserer Lebensweise und unserer inneren Einstellung selbst.

Das Autogene Training hilft, unsere Belastbarkeit zu erhöhen und uns sensibler für jenen Punkt zu machen, an dem einfach eine Grenze gesetzt werden muß, um gesund und leistungsfähig zu bleiben.

Autogenes Training erhöht die körperliche und geistige Belastbarkeit.

Die Kraft der Vorstellungen

Während des Essens läuft bei Mensch und Tier eine Reihe körperlicher Funktionen ab. In Mund, Magen und Darm werden vermehrt Verdauungsenzyme gebildet, die Bewegungen von Magen und Darm nehmen zu. Gleichzeitig entsteht ein allgemeines Wohlgefühl und – unter normalen äußeren Bedingungen – ein Gefühl innerer Ruhe. Zudem entwickelt sich eine gewisse Müdigkeit durch die Verlagerung größerer Blutmengen in den Bauchraum.

Der Russische Physiologe *Ivan Pawlow* (1849 bis 1936) hat bereits 1916 in seinen Untersuchungen die enge Beziehung zwischen regelmäßig wiederholten Erlebnissen oder Handlungen und den dazu parallel im Körper ablaufenden Begleitfunktionen beobachtet. Als klassisches Beispiel gilt sein Fütterungsversuch mit Hunden. *Pawlow* ließ zu den täglichen Fütterungszeiten regelmäßig eine Glocke ertönen und stellte fest, daß die Begleitreaktionen (Speichelfluß) nach einigen Wochen auch dann auftraten, wenn nur geklingelt, aber kein Futter gegeben wurde.

Beim Autogenen Training läuft der gleiche Prozeß ab. Nach einer Zeit regelmäßigen Übens genügt bereits das Denken der 1. Formel »Ich bin ganz ruhig«, um die ganze Kette der zum Autogenen Training gehörenden Körperreaktionen automatisch ablaufen zu lassen. Von selbst entwickeln sich die entsprechenden körperlichen Reaktionen und begleitenden Empfindungen. Schritt für Schritt treten die entsprechenden Formeln ins Bewußtsein. Sie können beobachten, wie sich Ihr Körper automatisch entspannt. Selbstverständlich wird dieser Prozeß von bewußtem Mitdenken und Mitfühlen unterstützt und die Wirkung des Autogenen Trainings von Übung zu Übung verstärkt.

Wenn wir also Auslöser und Reaktion des pawlowschen Hundeversuchs mit Auslöser und Reaktion des Autogenen Trainings vergleichen, wenn ein und derselbe Vorgang regelmäßig wiederholt bzw. geübt wird, stellen wir eine verblüffende Übereinstimmung fest:

Pawlowscher Versuch

1. Geruch des Futters = vermehrte Speichelbildung
2. Geruch des Futters und Glockenton = vermehrte Speichelbildung
3. Nur Glockenton = vermehrte Speichelbildung

Autogenes Training

Beispiel für die Ausnutzung bedingter Reflexe beim Autogenen Training:
1. Ermüdendes Erlebnis bei einer Bergwanderung = intensives Schweregefühl
2. Erinnerung an obiges Erlebnis = Schweregefühl
3. Erinnerung an obiges Erlebnis in Verbindung mit Suggestion »Körper schwer« = verstärktes Schweregefühl

4. Erinnerung an obiges Erlebnis mit deutlicher Bewußtmachung aller Begleitwahrnehmungen, wie beispielsweise Sonnenuntergang, Geschrei der Alpendohlen, Bratkartoffelduft aus der Hüttenküche, Schwere des Körpers auf der Bank, allgemeine Erschöpfung plus der Suggestion »Körper schwer« = noch deutlicheres Schweregefühl
5. Alleinige Suggestion »Körper schwer« = deutliches Schweregefühl
6. Regelmäßige Wiederholung der Suggestion = zunehmendes Schweregefühl

Mit dem Schweregefühl verbunden ist das angenehme Entspannungsgefühl, das jeder gesunden körperlichen Belastung folgt, meßbar als ein Nachlassen der Muskelaktionsströme und Zunehmen der Hauttemperatur. Mit jeder weiteren Suggestion erhöhen sich auch das Selbstbewußtsein und die positive Grundstimmung, die sich nach einer beachtlichen Wanderleistung einstellen.

Beispiel

Ich kann mich noch sehr gut an einen verletzten Bergsteiger erinnern, dessen komplizierte Brüche unerwartet schnell heilten und dessen Muskelmasse deutlich langsamer abnahm, als dies die Regel ist. Er berichtete mir, daß er so ans Bett gefesselt nur die Möglichkeit hatte, von seinen zukünftigen Bergtouren zu träumen. Was wäre wohl passiert, wenn er sich ständig innerlich mit der Erwartung, »Das ist nun alles vorbei«, zermartert hätte?

Gegenüber Tieren haben wir einen großen Vorteil: die **Vorstellungskraft.** Bereits wenn wir uns eine angenehme Situation lediglich vorstellen oder im Geiste ausmalen, reagiert unser Körper ähnlich wie in der realen Situation. Deshalb ist es möglich, durch die im Autogenen Training genutzten Suggestionen und inneren Bilder den Körper und die Psyche günstig zu beeinflussen.

Wichtig

> Innere Ruhe allein hat etwas Lebloses. Gefühle der Freude, Hoffnung und Zuversicht geben uns erst den rechten Schwung für ein erfülltes Leben. Auch sie können durch entsprechende positive Konditionierungen ausgelöst werden.

Mit Hilfe einer Entspannungstechnik wie dem Autogenen Training gewinnen wir zunehmend Einfluß auf die Funktionen unseres Körpers und unseres Geistes. So lassen sich unter anderem Stimmungslage, Leistungsbereitschaft und Merkfähigkeit beeinflussen.

Streß bedeutet Verlust der Körperkontrolle

Wieder können wir anhand eines Beispiels aus der Tierwelt auch für den Menschen typische Verhaltensweisen demonstrieren: Unsere Katze mag uns. Solange unser zärtliches Spiel nicht zu heftig wird, hält sie Krallen und Zähne im Griff. Wenn es ihr aber zu stressig oder zu hektisch wird, kommen ungewollt ihre Krallen heraus, und wir werden gekratzt.

In stressigen Situationen kann es uns genauso ergehen und uns rutscht eventuell einmal ungewollt die Hand aus. Wenn uns das passiert, reagieren wir bestürzt, und es tut uns leid. Wir hatten unseren Körper nicht mehr im Griff.

Unkonditionierte Reflexe sind vererbt.

Ein Tier reagiert zum einen auf der Basis automatischer Programme, die es über die Erbmasse mitbekam. Nur so ist es zu erklären, daß Tierkinder bereits nach der Geburt vieles beherrschen, was für sie lebensnotwendig ist. Wir sprechen in diesem Fall von **unkonditionierten** Reflexen.

Im weiteren Leben lernt das Tier, schmerzhaften Erfahrungen aus dem Weg zu gehen, angenehme Erfahrungen zu suchen und zu wiederholen. Dafür speichert sein Gedächtnis alle zur jeweiligen Situation gehörenden Aspekte, die vor allem die Sinnesempfindungen Hören, Riechen, Schmecken, Sehen, Temperatur, Schmerz- und Wohlempfinden betreffen.

Erlebt ein Tier eine angenehme oder unangenehme Situation, so werden die obengenannten Aspekte und ihre Intensität im Gedächtnis gespeichert. Bestätigende Wiederholungen festigen die Speicherung und das Verlangen, die Situation zu wiederholen bzw. ihr auszuweichen. Es entwickeln sich **konditionierte** Reflexe.

Konditionierte Reflexe beruhen auf Erfahrung und Wiederholung.

Die unserem Körper eigenen Instinkte waren vor allem für unsere Vorfahren, die sich in freier Natur bewähren mußten, von existenzieller Bedeutung. Meldeten die Sinne beispielsweise Gefahr, wurden automatisch Blutdruck, Herz- und Atemfrequenz erhöht, und alle für eine Flucht oder Verteidigung wichtigen Muskeln wurden optimal mit Energie versorgt.

So ist es auch heute noch mit unserem Körper. Wenn wir uns einmal die Finger verbrannt haben, ist die Gefahr als konditionierter Reflex verankert. Wer überlegt erst, ob er nun die Hand von der heißen Herdplatte nehmen soll oder nicht? Die automatische Reaktion – Hand sofort wegnehmen – wird uns erst nach ihrem Ablauf bewußt. Der wesentliche Vorteil konditionierter Reflexe liegt in der Geschwindigkeit, weil sie die Kontrolle durch das abwägende und kontrollierende Gehirn umgehen.

Was tun, wenn der Körper macht, was er will?

Je mehr wir unter Streß stehen, desto mehr verlieren wir in vermeintlich ausweglosen Situationen die Kontrolle, werden von unseren Reflexen beherrscht. Wir fliehen oder wehren uns, ohne über unsere Reaktionen nachzudenken. Bei unsinnigen Beleidigungen, Vorwürfen oder gar Handgreiflichkeiten ging das Ganze natürlich zu weit. Diese Eskalation hätte sich aber nur vermeiden lassen, wenn wir es gar nicht erst zugelassen hätten, daß sich die Erregung so sehr in uns ausbreiten konnte. Wenn diese Erregung einen gewissen Grad erreicht, übernehmen die Urinstinkte die Kontrolle. Unser Körper wertet die Situation als reale Gefahr, schaltet um und umgeht das für akute Gefahrensituationen zu langsam arbeitende Gehirn. Die

Mechanismen unseres Körpers sind jedoch immer noch die gleichen wie seit Urzeiten: Angriff oder Flucht.

Wenn wir erregt sind, übernehmen unsere Urinstinkte die Kontrolle.

Wichtig

Nur durch gezieltes Training können wir günstigere Ausgangsbedingungen für Streßsituationen schaffen, z.B. für unvorhersehbare Gefahrensituationen beim Autofahren. Wann bremsen, wann lenken? Wer hier erst überlegt, hat geringere Überlebenschancen. Im Schleuderkurs trainiert, ist uns das richtige Verhalten in »Fleisch und Blut« übergegangen. Wir denken nicht mehr, sondern handeln. Ein konditionierter Reflex wurde aufgebaut.

Selbstbeherrschung allein hilft nicht

Manche Menschen haben ihren Körper auch in stressigen Situationen im Griff. Das ist zwar für den »Gegner« wesentlich besser, seinen eigenen Gefühlen kann man aber trotzdem nicht ausweichen. Solange unsere Erregung nicht beendet ist, bleiben auch die Streßreaktionen bestehen. Der konditionierte Reflex umgeht die normalen Regelimpulse aus dem Gehirn. Gute Durchblutung in den Aktionsmuskeln führt automatisch zu Mangeldurchblutung im Kopf. Klares Denken ist schwierig, unser Gedächtnis bleibt förmlich auf einer Schiene hängen. Wir kommen auf keine anderen Gedanken, und entsprechend unsachlich sind zumeist auch unsere Argumente.

Die Muskulatur in Armen, Beinen, Nacken und Rücken kommt zunehmend in Daueranspannung. Unser Herz beginnt zu rasen, der Blutdruck erreicht Spitzenwerte. Unsere eiskalten Hände und Füße beginnen zu zittern, immer neue Hormonstöße durchfluten unseren Körper, und er bereitet sich auf noch mehr Leistung vor.

Beispiel

Nehmen wir einen heftigen Streit an, bei dem Sie sich im Recht fühlen. Plötzlich steht Ihr »Gegner« auf, wirft die Türe hinter sich zu und geht. Sie sind zwar während der ganzen Zeit äußerlich cool und selbstbeherrscht geblieben, aber stehen nun mit einem energiegeladenen Körper da. Ihre Gedanken kreisen nur um das eine Thema: »Wie kann der Andere nur so dumm sein, daß ...«

Solange unsere Gedanken kreisen, bleibt unser Körper in Höchstleistungsbereitschaft. Wir spüren die verkrampfte Muskulatur, inzwischen ist unser Gesicht hochrot und im schlimmsten Fall sind in unseren Augen einige Äderchen geplatzt. Die Powerhormone kreisen und kreisen. Der Zeitpunkt fürs Autogene Training ist längst verpaßt, der wäre spätestens in dem Augenblick gewesen, als unser Kontrahent uns begegnete (siehe Seite 101). Jetzt bleibt nur eine Hilfe: Bewegung. Nur intensive Bewegung kann nach einer solchen Eskalation die Hormone wieder abbauen, die instinktiv für maximale Verteidigung oder Flucht in die Blutbahn ausgeschüttet wurden.

Die körperlichen Reaktionen laufen nicht selten automatisch weiter. Selbst nachts wird ein Thema im Traum nochmals durchgearbeitet, der Chef wird zum Dinosaurier, die Firma brennt, der Partner mutiert zum Monster... Ob man geschlafen hat oder nicht, wie gerädert steht man am nächsten Morgen auf, denn im Traum laufen ähnliche Körperreaktionen ab wie im Wachzustand.

Die soeben geschilderten Situationen sind sicher den meisten von Ihnen nicht unbekannt. Sie müssen aber nicht mehr derart heftig ablaufen, wenn Sie lernen, Ihr Verhalten mit Autogenem Training zu beeinflussen.

Regelmäßige Wiederholung schleift jede Reaktionsweise unseres Körpers ein, sei sie nun günstig oder ungünstig; im Traum wird sie weiter fortgesetzt. Bald reagiert unser Körper beim geringsten Anlaß, als stünde eine Herde Elefanten vor uns. Tagein, tagaus. Diesen Vorgang nennen wir **Konditionierung einer Verhaltensweise** von Körper und Psyche.

Wer jetzt Autogenes Training beherrscht, weiß sich zu helfen. Autogenes Training vermag eine sogenannte Ersatzschlafsituation zu erzeugen, die in Krisenzeiten die Schädigungen durch Disstreß lindert. Gleichzeitig können wir während des Autogenen Trainings in unserem Unterbewußtsein günstigere Verhaltensmuster (Konditionierungen) verankern, die uns leichter über unangenehme Situationen hinweghelfen.

Beachten Sie

> Die Wirkungen des Autogenen Trainings sind kein Produkt der Einbildung. Sie bauen nachweislich im Körper günstige Reaktionsmuster auf, die über Vorstellungen und Suggestionen eingeleitet werden.

Die Wirkung gespeicherter Verhaltensmuster

Die tägliche Verstärkung eines ungünstigen konditionierten oder unkonditionierten Reflexes kann fatale Folgen haben. Unser Körperbewußtsein speichert alle Aspekte, um auf künftige Situationen besser vorbereitet zu sein.

- Sie gehen in das Firmengebäude – der Blutdruck erhöht sich.
- Sie gehen zum Schreibtisch – Nackenverspannungen und Rückenschmerzen setzen ein.
- Der Vorgesetzte kommt ins Zimmer – Sie bekommen Herzrasen, die Hände und Füße werden feucht und kalt, der Kopf ist wie leer und unfähig, noch vernünftig zu denken.

Das Ganze wiederholen wir täglich. Der Körper sieht keine Lösung und kämpft immer verzweifelter mit seinen allerdings nur für reale Kampfsituationen geeigneten Mitteln. Wir gewöhnen uns an kalte Hände und Füße, fühlen uns nicht mehr wohl, wenn der Blutdruck normal ist. Verstopfung, Durchfall, Übelkeit und Magenbrennen, selbst daran kann man sich gewöhnen. Wenn alles zuviel wird, übergibt man das Problem dem Hausarzt. EKG, Computertomografie, Magenspiegelung und eine Kur werden veranlaßt, und man kehrt mit neuem Mut und deutlich gebessertem Zustand zur Arbeit zurück.

Wie war das noch? Unser Körperbewußtsein speichert alle Aspekte, um auf künftige Situationen besser vorbereitet zu sein; und was passiert?

- Sie gehen in das Firmengebäude – der Blutdruck erhöht sich.
- Sie gehen zum Schreibtisch – Nackenverspannungen und Rückenschmerzen setzen ein.
- Der Vorgesetzte kommt ins Zimmer – Sie bekommen Herzrasen, die Hände und Füße werden feucht und kalt, der Kopf ist wie leer und unfähig, noch vernünftig zu denken.

Die Kur wirkt am Kurort in gänzlich neutraler Atmosphäre, daheim bestehen aber immer noch die alten Problemauslöser. Selbst ein Arbeitsplatzwechsel ist meist nur eine Problemverschiebung, denn schnell finden sich vergleichbare Auslöser in der neuen Situation, wenn das Verhalten der Vorgesetzten und die Gesamtsituation im neuen Betrieb nicht gravierend anders sind. Häufig geht es im Betrieb nach der Kur eben in gewohnter Weise weiter. Herzinfarkt, Schlaganfall, Magengeschwüre oder ein Hörsturz stehen am Ende der sich ständig verstärkenden Reaktionsmuster!

Wenn Sie in diesem Fall während der Kur nicht die altgewohnten Reaktions- und Verhaltensmuster umgestaltet haben, ist der Effekt der Kur schnell dahin. Auch hier kann das Autogene Training eine Schlüsselstellung einnehmen.

Wichtig

Auch wenn Sie als Betroffener äußerlich immer sehr beherrscht wirken, nehmen Sie sich das alles vielleicht zu sehr zu Herzen. Lernen Sie, Ihren Kopf freizumachen für schönere Dinge. Lernen Sie, zu entspannen und loszulassen, die Situation anders zu bewerten.

Jeder von uns hat derartige Situationen bei sich selbst oder bei Bekannten erlebt: Der Körper entzieht sich dem, was der Kopf oder das Ich für richtig hält. Beispiele dafür gibt es viele:

- Automatisches Abbremsen als Ausdruck einer übertrieben ängstlichen Verhaltensweise, nachdem uns einmal die Vorfahrt genommen wurde.
- Eine Reihe immer wiederkehrender körperlicher Reaktionen und ein nahezu abgeschaltetes Gedächtnis bei wichtigen Prüfungen.
- Ein unangenehmes und unsicheres Gefühl beim Betreten von Räumen, in denen wir Unangenehmes erlebt haben.
- Das Verlangen zu trinken, zu essen, nach einer Zigarette usw., wenn ureigene Auslösesymbole (z.B. in der Werbung) bewußt oder auch unbewußt wahrgenommen werden.

Immer wieder das gleiche Prinzip: Die Summe einzelner Wahrnehmungsaspekte (aber auch ein einzelner besonders intensiver) löst Reaktionen in unserem Körper aus – die konditionierten Reflexe. Dies passiert vor allem dann, wenn sich die Auslösesituationen wiederholen. Meist ist unsere körperliche Reaktion bereits abgelaufen, bevor sie uns überhaupt bewußt wird. Ein Freund erinnert uns zum Beispiel durch seinen Urlaubsbericht an unsere Negativerlebnisse am gleichen Ort. Durch diesen unbemerkten Auslöser wird in uns eine negative Stimmung ausgelöst. Andere merken es an uns, wir selbst dagegen nicht.

Das regelmäßige Kurzzeit-Autogene-Training hilft uns dabei, unsere aktuelle Stimmungslage zu erkennen und zu steuern: der angenehme Geschmack eines Törtchens, die scheinbare Selbstsicherheit oder Beruhigung durch Alkohol und Nikotin, eine häufig trainierte Verhaltens-

weise gegenüber bestimmten Personen. All dies löst automatische Reaktionen und Verhaltensmuster aus, die sich mehr oder weniger der bewußten Kontrolle unseres Ich entziehen. Niemand bezweifelt diese ungünstigen Auswirkungen konditionierter Reflexe. Autogenes Training arbeitet auf der gleichen Ebene, es bewirkt lediglich das Gegenteil, indem es günstige konditionierte Reflexe aufbaut.

Die Werbung arbeitet mit Auslösern, die das Unbewußte ansprechen.

Wichtig

Im Autogenen Training lernen Sie, die richtige Verhaltensweise für unterschiedlichste Situationen zu trainieren. Dies geschieht in einem Entspannungszustand, in dem Körper und Unterbewußtsein besonders gut beeinflußbar sind.

Autogenes Training – das bewährteste Entspannungsverfahren

Wissenschaftliche Untersuchungen haben es bestätigt: Autogenes Training ist die effektivste Methode, um Körper und Psyche wieder in den Griff zu bekommen. Autogenes Training ist viel mehr als nur ein Entspannungsverfahren. Es versetzt uns in die Lage, unseren Körper zu verstehen und auf seine Eigenarten, Probleme und Nöte einzugehen. Es kann sogar helfen, gestörte Organfunktionen wieder zu harmonisieren. Viele Krankheiten heilen schneller aus, viele Medikamente wirken besser.

Autogenes Training hilft, das Leben positiv zu gestalten.

Wenn wir die Erkenntnisse der modernen Psychologie in das von *Johannes Schultz* vorgegebene Schema einordnen, verfügen wir mit dem Autogenen Training über eine optimale psychologische **Selbsthilfe** und **Selbstverwirklichungsmethode**. Autogenes Training ist jedoch kein Allheilmittel, ebensowenig wie alle anderen Methoden der Körper- und Geistesbeherrschung. Es ist aber ein effektiver Weg, mit Streßsituationen umzugehen und aktiv an der positiven Gestaltung seines eigenen Lebens mitzuwirken, um nicht mehr nur Spielball seiner Gefühle und Konditionierungen zu sein.

Was bedeutet vegetative Umschaltung?

Über die Suggestionen und inneren Bilder des Autogenen Trainings beeinflussen wir direkt das vegetative Nervensystem, das alle unbewußt im Körper ablaufenden Reaktionen steuert. Es arbeitet über zwei Nervenstränge, den Sympathikus und den

Parasympathikus. Diese Nervenstränge sind unter anderem für folgende Vorgänge im Körper verantwortlich:

- Erhöhung und Reduzierung der Muskelgrundspannung
- Anspannung und Erschlaffung der Gefäßmuskulatur
- Blutdruckanstieg und -abfall
- Weitung der Atemwege
- Gesteigerte Aktivität der Flimmerhärchen in den Bronchien und vermehrte Schleimbildung
- Erhöhung und Reduzierung der Herzfrequenz und der Kontraktionskraft
- Hemmung aller Funktionen des Verdauungstraktes sowie vermehrte Bildung von Speichel, Verdauungssäften und auf die Verdauung wirkenden Hormonen
- Verringertes und vermehrtes Schwitzen
- Vermehrte Ausschüttung der Hormone Adrenalin und Noradrenalin sowie schmerzdämpfender Endorphine

Funktion des vegetativen Nervensystems

In der Regel steigert der Sympathikus die Stoffwechselaktivität und damit die Leistungsbereitschaft des Körpers, während der Parasympathikus eher eine beruhigende Funktion hat. Mit Hilfe des Autogenen Trainings gelingt es, die Aktivität des Sympathikus zu reduzieren und die des Parasympathikus zu steigern. Es wird vermehrt Noradrenalin ausgeschüttet, dessen beruhigende Wirkung über Stunden anhält. Während die Umschaltung auf Beruhigung relativ schnell erfolgen kann, vergeht geraume Zeit, bis die anregenden Hormone abgebaut sind.

Autogenes Training reduziert die Aktivität des Sympathikus und steigert die des Parasympathikus.

Die Ursprünge des Autogenen Trainings

Das Autogene Training wurde zu einer Zeit entwickelt, als die klinische Hypnose noch in den Kinderschuhen steckte. Der Berliner Nervenarzt *Johannes Schultz* beobachtete, daß Patienten, die er zur Behandlung unterschiedlichster Beschwerden in Hypnose versetzte, bis zu sechs Hauptreaktionen erlebten:

1. Ein Gefühl der Schwere, das von den Armen oder Beinen ausgeht und zunehmend den ganzen Körper erfaßt.

Der Ausgangsort war dabei meist der dominante Arm (später beobachtete man, daß zum Beispiel bei Fußballern oft das Spielbein zuerst schwer wird). Der Körper stellt also erst das ruhig, was am »hektischsten« ist.

Das dabei erzielte Schweregefühl läßt sich mit dem Empfinden bei totaler Ermüdung oder Erschöpfung vergleichen. Die Muskeln werden locker und weich. In selteneren Fällen trat ein Gefühl der Leichtigkeit auf.

2. Entspannung der Gefäßmuskulatur als logische Folge der mit der Schwereempfindung einhergehenden muskulären Entspannung.

Das Blut strömt ungehindert auch in die bei Verspannung minderversorgten Hände und Füße, die angenehm warm werden. Dies tritt immer auf, wenn die Muskulatur und das Zentralnervensystem auf Entspannung umgestellt sind.

Wem es dagegen nicht gelingt, seine Muskeln loszulassen, dessen »Wärmesuggestion« wird keinen Erfolg bringen.

3. Die Atmung wurde zunehmend tiefer und langsamer.

4. Die Herzfrequenz reduzierte sich. Auch schien die Kraft des Herzschlags nachzulassen.

5. Im Bauchraum trat ein angenehmes Wärmegefühl auf. Vermehrte Darmbewegungen und Geräusche waren meist sogar für den Beobachter hörbar. Die Speichelbildung im Mund nahm zu.

6. Die Gesichtsmuskulatur entspannte sich. Ein kühler Hauch schien über die Stirn zu wehen, als wenn eine Tür oder ein Fenster nicht ganz geschlossen wäre.

Nun stand *Johannes Schultz* vor der Frage, wie man einen so gut auf Hypnose reagierenden Patienten weiter behandeln kann, wenn er die Klinik verlassen hat und kein geeigneter Hypnotiseur zur Verfügung steht; dabei erinnerte er sich an die guten

Erfolge mittels Selbsthypnose und Selbstsuggestion. Während dabei unterschiedlichste Techniken und Formeln eingesetzt wurden, schwebte *Johannes Schultz* allerdings vor, das Entspannungsverfahren zu standardisieren. Dadurch war auch eine exaktere Überprüfung der klinischen Ergebnisse möglich.

So formte er die Erfahrungen seiner Hypnosepatienten in folgende **Suggestionsformeln** um:

1. Rechter/linker Arm schwer (bei Rechtshändern der rechte, bei Linkshändern der linke Arm)
2. Rechte/linke Hand ganz warm
3. Atem ganz ruhig und gleichmäßig
4. Herz ganz ruhig und gleichmäßig
5. Sonnengeflecht strömend warm
6. Stirn angenehm kühl

Suggestionsformeln nach Johannes Schultz

Weitere Entwicklung

Seit den Anfängen des Autogenen Trainings sind nun über 70 Jahre vergangen, in denen es ständig verbessert und erweitert wurde. Im folgenden werde ich Ihnen die drei Hauptformen der Grundstufe erklären. Wählen Sie für sich den Weg, der Ihnen am meisten zusagt.

Ich fange dabei mit der Urform an und zeige Ihnen zu erwartende Schwierigkeiten und mögliche Hilfestellungen auf. So können Sie die Abwandlungen der weiteren Formen besser nachvollziehen und verstehen. Selbst wenn Sie später nicht diese Art des Übens beibehalten, werden Sie wichtige Erfahrungen machen und zudem besser auf die beiden anderen Übungswege vorbereitet sein.

Fangen Sie zunächst mit der Urform des Autogenen Trainings an.

Autogenes Training ist für jeden erlernbar

Etwas Geduld vorausgesetzt, gibt es wohl kaum jemanden, der das Autogene Training nicht erlernen kann. Wir alle haben eine Vielzahl von Gewohnheiten, die regelmäßig die gleichen körperlichen und seelischen Reaktionen in uns hervorrufen.

Bereits die Vorstellung einer Frucht, die man nicht mag, kann ein flaues Gefühl im Magen auslösen.

Sobald wir nur an etwas Angenehmes denken, hebt sich unsere Stimmung; unsere Muskulatur entspannt sich, und eventuell erhöht sich sogar unsere Herzfrequenz. Wer hat es nicht schon erlebt, daß allein die Vorstellung, etwas Essen zu müssen, was man nicht mag, zumindest ein flaues Gefühl im Magen hervorruft oder der Gedanke an eine bevorstehende Prüfung unruhig und nervös macht? Jeden Tag erleben wir, wie Aufregung oder gar Ärger unsere Körperfunktionen durcheinander bringt!

Beachten Sie

Wer erfahren hat, wie bestimmte Vorstellungen oder Gedanken auf den eigenen Körper wirken, kann auch das Autogene Training erlernen. Damit ist er in der Lage, Autosuggestionen gezielt zur positiven Entwicklung seiner Situation zu nutzen.

Ich mag saures Obst überhaupt nicht, und allein bei der Vorstellung, in eine Zitrone beißen zu müssen, ziehen sich bei mir sofort die Mundschleimhäute zusammen, und der Speichelfuß kommt zum Versiegen. Dies geschieht um so eindrucksvoller, je exakter ich mir die Situation in meiner Vorstellung vergegenwärtige – angefangen beim In-die-Hand-nehmen der Zitrone, über das Zerteilen mit dem Messer, dem Kauen der Frucht bis hin zur Säure, die mir an Zähnen und Mundschleimhäuten frißt. Versuche ich mir nun noch, die Form, die Wachsschicht auf der Schale, das Gefühl beim Zerteilen oder den Geruch der ätherischen Öle vorzustellen, so wird diese Situation zunehmend unangenehmer.

Probieren Sie es doch einfach selbst einmal aus! Sie werden feststellen, je mehr Sinne Sie gleichzeitig in ihre Vorstellungen mit einbeziehen, desto wirkungsvoller wird Ihr Erleben der fiktiven Situation. Dem tragen auch die ergänzend zum Autogenen Training entwickelten Techniken Rechnung.

Tip

Sollten Sie anfänglich Schwierigkeiten mit dem Einstieg in das klassische Autogene Training haben, dann ist mit Sicherheit einer der neueren Wege die Lösung für Sie.

Manche Kursleiter nennen unter anderem den Glauben an die eigenen Fähigkeiten, sich unterschiedlichen Situationen anzupassen, den Glauben an die Methode, Hingabefähigkeit, Konzentrationsfähigkeit und ein nicht zu ausgeprägtes logisch-rationales Denken als Voraussetzung für das Autogene Training – am besten auch noch den Glauben an den Kursleiter. Ich meine jedoch, das Wichtigste ist die unvoreingenommene Bereitschaft, ein klinisch überprüftes und bewährtes Verfahren zu erlernen.

Selbstvertrauen, Konzentrationsfähigkeit und Vertrauen in die Methode sind Dinge, die Sie gerade durch das Autogene Training in optimaler Weise vermittelt bekommen. Der unterstützende Effekt eines gewissen Leidensdruckes ist jedoch nicht abzustreiten. Wer zum Beispiel von seinem Arzt erfuhr, daß Autogenes Training für seinen Gesundungsprozeß von entscheidender Bedeutung ist, hat normalerweise eine größere Motivation zum Durchhalten.

Günstige Bedingungen erleichtern den Einstieg

Regelmäßigkeit und ein stets gleicher Ablauf sind die Voraussetzung, daß etwas zu einer Gewohnheit wird. Autogenes Training ist vor allem eine gute Gewohnheit – eine Gewohnheit, seinen Körper vor Disstreß zu schützen und harmonisierend in alle Körperfunktionen einzugreifen.

Tip

Besonders am Anfang sollten Sie darauf achten, unter möglichst gleichen äußeren Bedingungen zu üben. Während später Unruhe und Lärm für Sie kein Übungshindernis mehr darstellen werden, sind sie zu Beginn sicher ein Problem. Sorgen Sie dafür, daß Sie während der geplanten Übungszeit nicht gestört werden.

Das gesamte Programm des Autogenen Trainings dauert in der Regel 3 bis 5 Minuten.

Normalerweise brauchen Sie drei bis fünf Minuten für das gesamte Programm des Autogenen Trainings. Schnell entwickelt sich jedoch ein derart angenehmes Empfinden, daß man gerne etwas länger in der entspannten Situation verweilt, was vor allem für die Übungen der Oberstufe gilt. Wenn Sie befürchten, einzuschlafen oder das Zeitgefühl zu verlieren, stellen Sie sich einfach einen Kurzzeitwecker. Es schadet nicht, wenn sein Klingeln Sie aus Ihren heilenden Träumen reißt; im Gegenteil, es erleichtert oft das Zurücknehmen und die Rückkehr in den Alltag.

Andere Entspannungstechniken nutzen den günstigen Effekt eines speziellen Raumes, immer wieder verwendeter Klänge und Gerüche. Auch ein bestimmter Geschmack im Mund, hervorgerufen durch spezielle ätherische Öle, erleichtert den Einstieg. Genau das wollen wir beim Autogenen Training nicht!

> Autogenes Training ist eine effektive **Schnellentspannungsmethode** mit dem Ziel, möglichst unabhängig von äußeren Bedingungen zu sein. Sitzhaltung oder Liegestellung sollten dem Körper als Hinweise genügen, um sich auf den Übungsbeginn einzustellen.

Anfangs können **Lärmbelästigungen** durch Ohrstöpsel (Oropax) oder einen Lärmschutzkopfhörer reduziert werden. Nur wenn Sie die entstehende Stille belastet oder ein unangenehmes Ohrgeräusch (Tinnitus) hindernd auftritt, sollten Sie zu bequemen Kopfhörern und einem Walkman greifen. Auf die Wirkung der Musik gehe ich später noch ein, für die momentan geschilderte Situation empfiehlt es sich, eine Kassette/CD mit angenehmen Naturgeräuschen und eventuell einer zusätzlichen Musikuntermalung zu verwenden.

Schalten Sie störenden Lärm durch Ohrstöpsel oder Kopfhörer aus.

Wer sich die Mühe machen will, kann zunehmend jene Geräusche mit einblenden, die er momentan als hindernd empfindet. Zum Beispiel können Sie einfach die Geräusche am Arbeitsplatz aufnehmen und dann in Ihrer Stereoanlage zunehmend lauter laufen lassen, während Sie noch über die Kopfhörer Naturgeräusche hören.

Hauptziel ist es jedoch, so schnell wie möglich von äußeren Hilfsmitteln wegzukommen und möglichst in jeder Situation effektiv und schnell entspannen zu können!

Die richtige Übungszeit

Die Frage nach der optimalen Übungszeit läßt sich einfach beantworten: Immer dann, wenn Sie in Ihrem Tagesablauf Zeit finden, in der Sie fünf Minuten ungestört sein können. So lustig dies vielleicht klingen mag, für viele meiner Kursteilnehmer war die Toilette am Anfang der Hauptübungsraum.

Meist bietet sich am Morgen eine Chance, wenn Sie Ihren Wecker fünf Minuten früher stellen. Sie sollten dann jedoch zuerst Ihre Morgentoilette machen oder zumindest kalt duschen, damit Sie wirklich wach sind.

Wenn Sie abends vor dem Einschlafen üben, sollten Sie die Rücknahme des Autogenen Trainings mit dieser Suggestion ersetzen: »Nun falle ich in einen erholsamen Schlaf, um morgen um ... Uhr frisch und munter aufzuwachen.« Gerade wenn Sie sich eine Uhrzeit suggerieren, benötigen Sie wahrscheinlich in Zukunft keinen Wecker mehr. Sie können mit Autogenem Training Ihren Körper so programmieren, daß Sie stets zur gewünschten Uhrzeit aufwachen werden.

Tip

> Halten Sie täglich zwei, besser jedoch drei Übungseinheiten ein, damit die erste positive Übungserfahrung nicht zu lange auf sich warten läßt. So erhalten Sie einen zusätzlichen Ansporn zum Weitermachen.

Daß ein voller Bauch ebenso müde macht wie Kaffee in der ersten halben Stunde, ist Ihnen sicher bekannt; aber auch bei alkoholischen Getränken und schwarzem Tee sollten Sie vorsichtig sein. Meiden Sie vor der Übung alles, was zusätzlich ermüdet, sonst wird aus Ihrem Autogenen Training nur ein Schlummerstündchen, das zwar angenehm ist, aber leider keine Lösung Ihrer Probleme und keine positive Umwandlung Ihrer Programmierungen bringt.

Vermeiden Sie Kaffee, schwarzen Tee und alkoholische Getränke vor dem Üben.

Konzentrationsschwierigkeiten in den ersten Übungsstunden sind fast die Regel, deshalb habe ich diesem Problem ein spezielles Kapitel gewidmet (siehe Seite 72ff.). Überhaupt ist man nicht jeden Tag »gleich gut drauf«, was die Startschwierigkeiten noch zusätzlich verstärkt.

Es ist kein Problem, einfach einmal mittendrin aufzuhören, wenn es gar nicht klappen will. Halten Sie aber konsequent die nächste Übungszeit ein.

Die Übungshaltungen

Es gibt verschiedene Positionen, die sich beim Autogenen Training gut bewährt haben. Beachten Sie aber zuerst einige **Grundregeln**, die für alle Haltungen gelten:

- Halten Sie die Augenlider geschlossen. Lediglich wenn Sie befürchten einzunicken, sollten Sie die Augen ganz bewußt einen Spalt offen halten. Sie können sich im Blickfeld Ihrer Augen einen Punkt oder Fleck auf dem Boden suchen, den Sie mit festem Blick fixieren. Einfach auf diesen Punkt zu starren und zu erlauben, daß er zu verschwimmen beginnt, führt Sie leicht in eine hypnoide innere Stimmung.
- Entspannen Sie die Kiefer- und Gesichtsmuskeln. Das funktioniert ganz einfach, wenn Sie leicht lächeln. Die Zunge sollte gelöst im Mund liegen, die Lippen sind geschlossen.
- Achten Sie darauf, besonders bei Übungen während oder vor dem Umgang mit Maschinen oder vor Autofahrten, daß sie das Zurücknehmen nicht vergessen. Autogenes Training erhöht zwar die geistige Flexibilität, verringert aber für einige Zeit die Reaktionsbereitschaft der Muskeln.

Grundregeln für die Übungshaltung

Wegen des Gewöhnungseffektes ist es von Bedeutung, die einmal ausgewählte Haltung immer wieder in gleicher Form zu benutzen. Nach meiner Erfahrung benötigt man im Laufe der Zeit aber alle hier aufgeführten Stellungen, da es sich natürlich nach den jeweiligen Gegebenheiten richtet, wie man seine Übungen durchführt. Mit zunehmender Sicherheit werden Sie auch in körperlich unbequemen Stellungen entspannen können, und die Haltungen sind nicht mehr so entscheidend. Am Anfang können sie jedoch mit verantwortlich sein, daß die gewünschten körperlichen Reaktionen verzögert eintreten.

Behalten Sie anfangs die einmal ausgewählte Übungshaltung bei.

Der Droschkenkutschersitz

Der Droschkenkutschersitz war die anfänglich bei *Johannes Schultz* am meisten verwendete Übungshaltung für das Autogene Training. Er bietet eine relativ entspannte Ausgangsstellung, die einem das Einschlafen nicht zu leicht macht.

- Setzen Sie sich auf einen Hocker oder einen Stuhl, lehnen Sie sich nicht an und achten Sie darauf, daß Ihnen keine Armlehnen im Weg sind.
- Rutschen Sie auf den vorderen Teil der Sitzfläche.
- Durch Strecken des Rückens und anschließendes leichtes Zusammensinken finden Sie eine angenehme, leicht nach vorne geneigte Mittelstellung des Rückens. Sie dürfen sich natürlich nicht zu weit nach vorne beugen, da dann der Bauch und damit die Atmung eingeengt wird und die Gefahr, nach vorne zu fallen, zunimmt.
- Lassen Sie den Kopf locker und bequem nach vorne sinken und stützen Sie die Unterarme auf den Oberschenkeln auf, so daß die Hände nach innen herunterhängen, ohne sich zu berühren, denn es wird meist als störend und ablenkend empfunden. Die Ellbogen sind angewinkelt, die Beine leicht gespreizt.
- Wichtig ist, daß die ganze Fußsohle Kontakt zum Boden hat und nichts in den Kniekehlen drückt oder kneift.

Die aufrechte Sitzhaltung

Sie sitzen völlig aufrecht auf einem in der Höhe angepaßten Stuhl, ohne die Lehne zu berühren.

Die aufrechte Sitzhaltung, auch Pharaonensitz genannt, erfordert ebenso wie die aus dem Yoga bekannten Sitzhaltungen ein längeres Training, bis man sie beschwerdefrei und ohne Ablenkung durchhalten kann.

Wenn Ihnen diese Haltung ohne Probleme gelingt, ist sie meist besonders günstig, um nicht einzuschlafen. In vielen Fällen erfordert jedoch die Aufrechterhaltung dieser Sitzstellung zu viel körperliche Bewußtheit, wodurch das Erreichen der angestrebten Entspannungstiefe behindert wird.

Die bequeme Sitzhaltung

Eine bequeme Sitzhaltung erreichen Sie, indem Sie sich ganz an die Rückenlehne eines Stuhles anlehnen oder es sich in einem Fernsehsessel gemütlich machen. Besonders in der ersten Übungszeit ist es außerordentlich wichtig, daß Sie sich nicht von Äußerlichkeiten am Hineingleiten in die Entspannung stören lassen. Deshalb ist alles erlaubt, was bequem ist, aber nicht zum Einschlafen verleitet. Ideal ist es, wenn der Kopf bequem aufliegt und die Arme auf angenehm gepolsterten Armlehnen ruhen.

Generell ist das Verlangen, die Beine übereinander zu legen, ein Zeichen innerer Spannung. Meist macht dies unser Körper automatisch, mitunter tun wir es bewußt, weil wir die übereinandergeschlagenen Beine einfach als bequeme Haltung empfinden.

Das Übereinanderschlagen der Beine und Verschränken der Arme ist auch Ausdruck einer inneren Unsicherheit und zugleich eine Schutzhaltung. Wenn wir uns entspannt, frei und geborgen fühlen, haben wir auch bei geraden Beinen und beim seitlichen Ablegen der Arme ein gutes Gefühl.

Tip

Achten Sie bewußt darauf, Arme und Beine nicht zu verschränken, sondern bequem auszustrecken.

Das Üben an öffentlichen Plätzen und am Arbeitsplatz

Besonders im Berufsalltag werden zwei Haltungen für Sie wichtig sein. Bei der einen sitzen Sie am Tisch und legen Ihren Oberkörper bequem darüber, die Stirn auf den übereinander gelegten Armen oder ein Kissen. Wenn möglich, korrigieren Sie die Höhe des Stuhles oder den Abstand vom Tisch so, daß keine Einengung im Bauchraum entsteht.

Zum anderen können Sie als durchaus hilfreiche Notlösung für eine kurze Übung des Autogenen Trainings auf eine besondere Sitzhaltung verzichten. Starren Sie statt dessen auf einen beliebigen Punkt, einen Gegenstand oder ein Wort auf dem Monitor. Während Sie Ihren Blick dort festheften und verfolgen, wie der optische Eindruck zunehmend unschärfer wird, lassen Sie die Formeln des Autogenen Trainings und die körperlichen Empfindungen in sich ablaufen. Dafür ist nur eine

Minute erforderlich, wenn Sie das Autogene Training erst beherrschen, und es läßt sich so unauffällig durchführen, daß niemand Ihre Übungen bemerkt.

Noch wirkungsvoller ist diese Übung allerdings, wenn Sie die Ellbogen auf den Tisch stellen und den Kopf in die Hände stützen, indem Sie die Handballen vorsichtig in die Augenhöhlen legen. Dabei können sich die Augen und die Nackenmuskulatur am besten erholen.

Wichtig

In mehreren Untersuchungen in großen Betrieben wurde festgestellt, daß 5 Minuten Autogenes Training erfrischender sind als 20 Minuten Schlaf in der Mittagspause.

Jeder erfahrene Arbeitgeber weiß, daß eine derartige Entspannungsübung, möglichst alle zwanzig Minuten durchgeführt, keinen Produktivitätsverlust darstellt, im Gegenteil: Wenn man danach wieder mit neuer Kraft seine Tätigkeit aufnimmt, kommt es meist zu einer deutlichen Leistungssteigerung.

Das Üben im Liegen

Was das Entspannen in Sitzstellungen leider nicht ersetzen kann, ist die Entlastung der Wirbelsäule und besonders der Bandscheiben im Liegen. Wenn sich also für Ihr Autogenes Training irgendwo eine Möglichkeit zum Liegen findet, so sollten Sie diese nutzen. Besonders um die Tagesmitte tut dies allen Wirbelsäulenabschnitten gut. Wenn keine Erkrankungen der Atemwege oder des Kreislaufsystems vorliegen, ist die Liegestellung am angenehmsten, denn sie erfordert keine Haltearbeit von den Muskeln – Sie können einfach loslassen.

Üben im Liegen

- Wählen Sie eine Unterlage, die nur so bequem wie unbedingt erforderlich ist.
- Achten Sie darauf, daß die gewählte Stellung nicht Ihrer üblichen Einschlafstellung entspricht.

- Meist wird die Rückenlage bevorzugt, Arme und Beine liegen dabei leicht abgespreizt, die Füße und damit auch die Knie sind etwas nach außen gedreht.
- Die Hände liegen auf der Kleinfingerseite oder mit Neigung zum Handrücken auf. Sie werden dieses nach außen Drehen und Öffnen von Armen und Beinen zunehmend angenehmer empfinden, je entspannter Sie sind.

Für Ihre weitere Körperbeobachtung ist es wichtig zu wissen, daß die nach innen drehende und beugende Muskulatur auf Streß und Anspannung am meisten reagiert. Sobald Sie beobachten, wie es Sie in eine derartige Stellung zieht, ist es Zeit, dem Körper kurz einige Entspannungssignale zu vermitteln.

Wenn wir jemanden von der Seite betrachten, so ist der Kopf meistens vor die Körperachse geschoben, etwa wenn sich der Beobachtete an eine Wand stellt. Zwischen Wand und Kopf bleibt, bei bequemer Kopfhaltung, ein mehr oder weniger großer Freiraum. Das gleiche beobachten wir in der Kreuzgegend und eventuell auch unter den Knien, deren Durchstrecken eine unangenehme Spannung in den Beinen erzeugen kann.

Ein Kissen unter dem Kopf, im Kreuz und unter den Knien entlastet Muskeln und Bänder.

Im Liegen haben Sie die gleiche Position, nur um 90 Grad gedreht. Deshalb kann eine Unterstützung von Kopf, Kreuzgegend und Kniekehlen, zum Beispiel mit einem kleinen Kissen oder einer Rolle, viel Spannung aus dem Muskel- und Bandapparat nehmen. Probieren Sie es aus, und Sie werden feststellen, das körperliche Entspannen fällt unter optimalen Bedingungen einfach leichter.

Tip

Frieren sollten Sie während der Übung auf keinen Fall. Wenn Sie sich auf einen Teppich oder auf den Boden legen, denken Sie daran, daß dies der kälteste Bereich im Raum ist (außer Sie haben Fußbodenheizung). Halten Sie deshalb immer eine Decke bereit, um sich warm zu halten. Sie vermittelt zudem ein Gefühl von Schutz und Geborgenheit.

Das Üben im Stehen

Das Üben im Stehen setzt voraus, daß Sie die konditionierten Reflexmechanismen des Autogenen Trainings bereits in allen anderen Stellungen auslösen können.

Das Üben im Stehen kommt erst für Fortgeschrittene in Frage.

Wenn Sie frei stehen oder sich an eine Wand lehnen, erleben Sie das Gefühl der Schwere im rechten Arm als ein deutliches Ziehen nach unten. Eine Hilfe ist auch hier das Starren auf einen beliebigen Punkt. Während Sie Ihren Blick entspannt dort festheften und verfolgen, wie der optische Eindruck zunehmend unschärfer wird, lassen Sie die Formeln des Autogenen Trainings und die körperlichen Empfindungen in sich ablaufen. Dafür ist nur eine Minute erforderlich, wenn Sie das Autogene Training richtig beherrschen.

Was tun, wenn es juckt und kratzt?

Sobald Sie Ihre optimale Ruhestellung gefunden haben, ist Ihr Bewußtsein ganz auf den Körper gerichtet. Jetzt erst wird Ihnen die innere Unruhe so richtig bewußt. Natürlich merken Sie nun besonders gut, wenn es hier und da zwickt oder zwackt. Sie müssen jetzt selbst abwägen, ob es wirklich notwendig ist, darauf einzugehen.

Die Konzentration auf die Suggestionen lenkt davon ab, manchmal kann jedoch ein kleines bißchen Kratzen Wunder wirken. Führen Sie aber die dafür erforderliche Bewegung ausgesprochen langsam und ganz bewußt aus. Dann fallen Sie nicht so leicht aus der Entspannung heraus, sondern nutzen diese Bewegung als eine »zwischengeschaltete Entspannungsübung« für sich. Dies gilt auch für einen erforderlichen Lagewechsel, falls die augenblickliche Stellung zu unbequem sein sollte.

Was tun bei Husten?

Mit der Umschaltung auf das parasympathische Nervensystem läßt die Aktivität der Körpermuskulatur nach, und die inneren Organe beginnen, verstärkt zu arbeiten. Es treten vermehrt

Magen- und Darmgeräusche auf, der gesteigerte Speichelfluß zwingt zum Herunterschlucken. Das lenkt zwar anfänglich etwas ab, läßt sich jedoch tolerieren.

Schwieriger wird es mit dem **Hustenreiz**, da die Tätigkeit der Flimmerhärchen in den Bronchien ebenfalls zunimmt. Nicht nur Raucher, sondern jeder von uns atmet tagtäglich feinsten Staub ein, der wieder aus der Lunge ausgeschieden werden muß. In Schleim gebunden kommt dieser Staub wieder im Rachen an und löst, um endlich ganz nach außen gelangen zu können, einen Hustenreiz aus. An sich müssen wir dankbar für diese Funktion sein, aber ein Hustenstoß reißt jeden aus der tiefsten Entspannung.

Ein Schluck Tee vor den Übungen beugt dem lästigen Hustenreiz vor.

Tip

Anfängern empfehle ich, vorher ein Hustenbonbon, einen Schluck Tee oder ein anderes bewährtes Hustenmittel zu nehmen. Es ist vorerst von entscheidender Bedeutung, daß Sie das Autogene Training erlernen. Erst dann haben Sie die Möglichkeit, mit den erweiterten Techniken der Oberstufe der Ursache des Hustens auf den Grund zu gehen und eine endgültige Heilung zu unterstützen.

Meist ist der Hustenreiz nicht so stark, wenn Sie aufrecht stehen. Tritt Ihr Husten vor allem in einem bestimmten Übungsraum auf, dann denken Sie bitte daran, daß manche **ätherischen Öle** als Auslöser in Frage kommen. In vielen Gruppenräumen hat sich ein undefinierbarer Grundgeruch aus den Ablagerungen unterschiedlichster ätherischer Öle gebildet, die hier seit Jahren Verwendung finden.

Selbst biologische Böden enthalten häufig Hustenreiz auslösende Partikel. Da hilft manchmal nur eines: Fenster auf und Ohren zu, damit Sie auch Ihre hustenden Übungspartner nicht hören.

Eventuell sind aber auch Nahrungsmittel oder Getränke, die Sie kurz zuvor zu sich genommen haben, die Ursache. Da hilft nur genaues Beobachten, um den Auslöser zu finden. Hilfe bekommen Sie von Therapeuten, die den kinesiologischen Muskeltest anwenden.

Beachten Sie

> Husten ist in den meisten Fällen ein Reinigungsprozeß des Körpers und hat seine begründeten Ursachen. Gleichzeitig ist er ein Beweis für den Beginn der körperlichen Selbstheilungsprozesse durch das Autogene Training.

Wie beendet man eine Entspannungsübung?

Am Ende jeder Übung muß ein **Zurücknehmen des Entspannungszustandes** erfolgen. Zwar habe ich es in den langen Jahren meiner Tätigkeit als Übungsleiter für Autogenes Training nur wenige Male erlebt, daß ein Teilnehmer am Ende des Trainingsablaufes seine Arme oder Beine nicht mehr oder nur schwer bewegen konnte. Gefühle, als wenn einem die Gliedmaßen nicht mehr gehören, völlig angeschwollen oder amputiert wären, kommen allerdings hin und wieder einmal vor. Derartiges verliert sich jedoch schnell nach mehrmaligem intensivem Zurücknehmen.

Wenn sich derart intensive Veränderungen in der Körperwahrnehmung durch das Autogene Training auslösen lassen, dann ist es auch glaubhaft, wenn Kursteilnehmer berichten, daß sie sich wie in einem Traumzustand befanden, auf der Treppe stolperten oder nicht mehr wußten, ob sie mit dem Fahrstuhl nach unten oder nach oben fahren wollten.

Während und nach einer Übung kann es kurzfristig zu Veränderungen im Zeitempfinden und damit zu einer schnelleren wie auch einer verlangsamten Reaktion kommen. Es hängt im allgemeinen davon ab, wie lange man schon Autogenes Training übt, wie lange die soeben absolvierte Übung dauerte oder wie sehr man für Suggestionen empfänglich ist. In allen Fällen jedoch wird dieser Zustand durch ein bewußtes Zurücknehmen behoben.

Es gibt nur zwei **Ausnahmen**, in denen Sie das Autogene Training nicht bzw. nicht sofort zurücknehmen:
1. Sie möchten anschließend einschlafen.
2. Sie wollen in dem durch das Autogenen Training eingeleiteten Entspannungszustand lernen oder sich gezielt erinnern. Beim Lernen in Entspannung muß jedoch ebenfalls ein Zurücknehmen erfolgen, allerdings erst dann, wenn Sie mit dem Lernen aufhören!

Wann muß keine Zurücknahme erfolgen?

Das Zurücknehmen ist deshalb von entscheidender Bedeutung, da Sie wieder voll bewußt am Leben teilnehmen müssen! Genauso wie die übrigen Formeln des Autogenen Trainings entwickelt sich das Zurücknehmen jedoch schnell zu einem gewohnten Verhaltensmuster, dessen Wirkung sich mit jedem Üben verstärkt.

Die Praxis des Zurücknehmens

Beim Zurücknehmen geht es darum, Körper und Gehirn eindeutig zu vermitteln, daß Sie jetzt wieder in die Alltagsrealität zurückkehren wollen. *Johannes Schultz* hat dafür die Formeln »Arme fest«, »Tief atmen« und »Augen auf« ausgewählt:

Praxis des Zurücknehmens

■ In Verbindung mit dem inneren Befehl »Arme fest« schließen Sie die Hände zur Faust, beugen die Ellenbogen fest an und drücken sie an den Körper. Dies wiederholen Sie bitte mindestens dreimal.

■ In Verbindung mit dem inneren Befehl »Tief atmen« atmen Sie mehrmals schnell und tief ein.

■ In Verbindung mit dem inneren Befehl »Augen auf« reißen Sie die Augen mehrmals auf, als ob Sie etwas erschreckt hätte.

Als nächstes sollten Sie aufstehen und sich ein paar Minuten intensiv bewegen, Treppen steigen, auf der Stelle laufen oder einfach nur herumhampeln. Wenn Sie sich vor dem Zurücknehmen den Befehl geben:

«Ich werde mich jetzt aus der Entspannung lösen und anschließend hellwach und frisch sein.«

ist der Übergang zum Zurücknehmen harmonischer. Dies gilt besonders dann, wenn Sie die Suggestionen mehrmals hintereinander durchführen, um noch tiefer zu entspannen. Andernfalls baut sich nach der »Stirnkühle-Suggestion« bereits eine gewisse Anspannung auf, weil Ihr Körper meint, daß jetzt die Zurücknahme folgt.

Wenn Sie generell Ihre Übungen des Autogenen Trainings auf diese Weise beenden, dann schleift sich die Wirkung, ebenso wie bei den anderen Suggestionen, mit zunehmender Intensität ein. Sie werden nach dem Zurücknehmen hellwach und frisch sein.

Die Grundübungen des Autogenen Trainings

Sie sollten sich für das Erlernen der Grundübungen des Autogenen Trainings Zeit lassen. Das Hineinwachsen in ein Leben mit dem Autogenen Training ist ein entscheidender Lebensschritt. Wenn es Ihnen nicht von Anfang an Spaß macht oder gar zu langweilig und zeitraubend erscheint, hören Sie vermutlich bald auf.

Die Wirkungen des Autogenen Trainings auf Ihren Körper und sein Unterbewußtsein brauchen aber Zeit, um zu reifen. Sie haben wirklich nur die Möglichkeit, die Formeln einzupflanzen und darauf zu warten, bis sie aufgehen, wie bei einem in den Boden gelegten Samen. Natürlich muß regelmäßig begossen werden, in Form von ständiger Wiederholung. Mehr können und dürfen Sie nicht tun. Jeder Erwartungszwang auf das Auftreten der körperlichen Reaktionen bremst nur den Erfolg. Nehmen Sie es ganz lässig.

Tip

Üben Sie in der ersten Woche dreimal täglich je eine Minute und steigern Sie langsam bis zur sechsten Woche auf fünf Minuten. Dieses »Opfer« sollte Ihnen die Chance, das Autogene Training zu erlernen, wert sein! Einfach nur tun, nichts wollen oder erwarten, diese Worte gab *Johannes Schultz* seinen Schülern mit auf den Weg.

Eventuell motiviert Sie eine Strichliste auf Ihrem Kalender. Das wichtigste ist jedoch die Integration des Autogenen Trainings in bestimmte, sich wiederholende Tagesabschnitte, so daß es einfach zum Tagesablauf gehört, wie Essen oder Schlafengehen.

Für diejenigen, die sich das AT allein erarbeiten, gibt es eine CD zum Buch, die als Novum den Effekt der post-hypnotischen Suggestion aus-nützt.

Generell haben wir keine guten Erfahrungen mit Übungskassetten gemacht, so angenehm das Erlernen des Autogenen Trainings mit ihrer Hilfe auch ist. Es werden Abhängigkeiten zum Wohlklang einer bestimmten Stimme, zu einer bestimmten Musik und auch zum Vorhandensein eines Abspielgerätes aufgebaut, die letztendlich unser eigengesteuertes Verhalten bremsen. Sie sollten auf derartige Mittel nur zurückgreifen, wenn Sie anders einfach keinen Zugang zum Autogenen Training finden.

In Einzelfällen kann es für denjenigen, der das Autogene Training ganz allein erlernen will, interessant sein, sich einmal eine Videokassette aus der Leihbücherei zu besorgen. Einmal gesehen weiß man, wie einfach die Durchführung rein äußerlich ist. Was wir in uns selbst bewirken, hängt allein von unserer Bereitschaft ab, unsere Gedanken und Gefühle entsprechend zu steuern.

Ein Gruppe kann anfänglich motivierend wirken. Der Gruppenleiter sollte aber darauf achten, daß übertriebene Erfolgsschilderungen Einzelner nicht den anderen Kursteilnehmern den Mut nehmen.

Nachfolgend werde ich Ihnen die **Grundübungen** des Autogenen Trainings nach einem feststehenden Schema vermitteln. Dabei gehe ich aber auf mögliche Schwierigkeiten noch nicht ein, um Sie nicht von vornherein ungünstig zu beeinflussen.

Haben Sie am Ende einer Übungswoche noch Probleme mit der jeweiligen Formel, so gehen Sie bitte zum nächsten Kapitel über (siehe Seite 71ff.), in dem Sie Hilfen und entsprechende Abwandlungen des Autogenen Trainings finden. Denn erst, wenn sich die Art Ihres Problems beim Lernen des Autogenen Trainings herauskristallisiert hat, können Sie über die für Sie geeignete Abwandlung des Trainings entscheiden.

Die Ruhetönung

Als Ruhetönung bezeichnet man die einleitende und allen Suggestionen zwischengeschaltete Formel:

»Ich bin ganz ruhig, ganz ruhig und entspannt.«

Ruhetönung

Später können Sie diese Formel durch die Kurzform ersetzen:

»Ich bin ganz ruhig.«

Nachdem Sie Ihre Entspannungsstellung eingenommen haben, lassen Sie sich diese Worte förmlich auf der Zunge zergehen. Sie wird zunehmend wie ein »Einschalter« für das Autogene Training wirken. Bald werden Sie erleben, wie Ihr Autogenes-Training-Programm fast automatisch abläuft, wenn Sie die entsprechende Ausgangsstellung einnehmen und beginnen, die Ruheformel zu denken.

1. Woche: Die Schwereübung

Beginnen Sie mit der Vorstellung von Schwere im dominanten Arm, also dem rechten Arm bei Rechtshändern oder dem linken Arm bei Linkshändern. Ein Schweregefühl in der Muskulatur geht immer mit Entspannung einher. Bei Ermüdung oder Erschöpfung wird uns dieses Schwereempfinden besonders deutlich. Die Muskeln haben keine Kraft, keine Spannung mehr, die elektrisch meßbaren Muskelaktionsströme (EMG) werden weniger.

Beginnen Sie mit der Vorstellung von Schwere im dominanten Arm.

Bereits nach einigen Tagen werden Sie bei Ihren Übungen im Autogenen Training das Eintreten der Generalisation beobachten. Ohne das Sie es sich suggerieren müssen, greift das Schweregefühl langsam auf die Schultern und den anderen Arm über. Bald spüren Sie die angenehme Schwere auch in den Beinen und im Rumpf, Rücken- und Nackenschmerzen sind auf einmal wie weggeblasen, der in den Muskeln manifestierte Streß läßt nach.

Diese Generalisation zeigt, daß die Entspannung dem Körper nicht einfach übergestülpt wird, sondern daß sich die für ihr Zustandekommen notwendige innere Harmonie zunehmend aufbaut. Statt Fremdhypnose oder chemischer Keulen, welche die Muskulatur zum Entspannen zwingen, obwohl ihr gar nicht danach ist, kommt es zu einem Zwiegespräch zwischen Ihnen und Ihrem Körper. Sie werden zunehmend sensibler für Belastungen, die Ihren Körper überfordern.

Beachten Sie

> Es hat durchaus seinen Sinn, wenn Sie nicht Arme oder Beine oder sonstige Körperteile »schwer« suggerieren, sondern abwarten, bis sich der Effekt von ganz allein einstellt. Je besser es Ihnen gelingt, sich die Empfindung von Schwere vorzustellen, um so mehr entspannt sich die Skelettmuskulatur, um so schwerer fühlt sich Ihr Körper an.

Nutzen Sie möglichst viele Wahrnehmungsebenen, um dem Körper Informationen zu vermitteln.

Eine Information oder ein Auftrag ist für den Körper noch eindrucksvoller, wenn er über möglichst viele Wahrnehmungsebenen vermittelt wird (Sehen, Hören, Riechen, Schmecken, Fühlen, Körpergefühl, Stimmungslage usw.). Jede einmal erlebte Situation wird mit allen Begleiterfahrungen und Wahrnehmungen im Gedächtnis gespeichert. Ruft man die Situation wieder in sein Bewußtsein zurück, so kann man sich auch die Begleitwahrnehmungen wieder bewußt machen. Alle körperlichen Wahrnehmungen spielen sich, wenn auch meist in abgeschwächter Form, in den entsprechenden Wahrnehmungsorganen wieder ab. Sie sehen Bilder vor ihrem inneren Auge, hören eventuell Klänge, meinen etwas zu riechen oder zu schmecken. Sie fühlen, wie sich die Härchen an den Armen vor Erschauern wieder aufrichten, spüren ein sanftes Streicheln ganz deutlich auf der Haut. Manchmal schießt ein stechender Schmerz wieder durch das Körperteil, an dessen Verletzung Sie sich erinnern, oder Sie erleben, wie eine freudige oder auch betrübte Stimmung in Ihnen aufkommt, die für ein bestimmtes Erlebnis kennzeichnend war.

All dies kann allein durch die Erinnerung an eine entsprechende Situation wieder ausgelöst werden. Dabei können Sie beobachten, daß einzelne Wahrnehmungsaspekte deutlicher bewußter werden als andere. Näheres dazu erfahren Sie im
Kapitel »Was Autogenes Training bewirken kann, Durchführung der Reihenübung« (siehe Seite 112f.).

Sie spüren zum Beispiel wieder die Erschöpfung nach einer
herrlichen Bergtour in allen Muskeln. In vielen Fällen ist eine
derartige Erinnerung eine gute Hilfe, das suggerierte Schwereempfinden deutlicher werden zu lassen.

Tip

Suchen Sie selbst in Ihrer Erinnerung nach einer geeigneten
Situation. Bedingung ist jedoch, daß diese Situation generell von einer heiteren Grundstimmung getragen war.

Wenn Sie beispielsweise an die Erschöpfung während einer Bi-
waknacht in der Eigernordwand denken, als Sie noch nicht
wußten, ob dies Ihre letzten Stunden in diesem Erdenleben

*Die Erinnerung an
eine anstrengende
Bergtour kann die
Schwereübung
unterstützen.*

sein würden, dann sind natürlich die weiteren, begleitend auf-
tauchenden Wahrnehmungen zu belastend. In der Oberstufe
werden Sie allerdings lernen, wie Sie die negativen Erinne-
rungswahrnehmungen von den positiven abkoppeln können.
Nur Geduld...

Suchen Sie sich ein Symbol, das zu Ihrem Schwereerlebnis paßt.

Es ist sehr hilfreich, das ausgewählte Schwereerlebnis einmal
schriftlich zu skizzieren und sich ein zu dieser Erinnerung pas-
sendes Symbol auszudenken. Das wäre, um bei obiger Schilde-
rung zu bleiben, das wuchtige Bergmassiv reduziert auf die
Form einer Pyramide. Wenn Sie sich in Zukunft das Pyrami-
densymbol vorstellen, entwickelt sich ein Schweregefühl, und
das dazu gehörende Erlebnis läuft im Zeitraffer ab, während
sich das Schweregefühl verstärkt.

Auch Suggestionsergänzungen, wie
- »Rechter Arm schwer wie Blei« oder
- »Rechter Arm schlaff und schwer wie ein Mehlsack«,
vermögen bei vielen ein verstärktes Schwereempfinden aus-
zulösen, da man mit Blei oder einem Mehlsack automatisch
etwas sehr Schweres verbindet.

Das Übungsprogramm der ersten Woche

1. Legen Sie täglich drei Übungszeiten fest, zum Beispiel morgens nach dem Ankleiden, während der Mittagspause im Betrieb (notfalls Toilette), noch vor dem Essen daheim oder
vor dem Einschlafen.

2. Stellen Sie den Kurzzeitwecker auf fünf Minuten. Dies ist nur
tagsüber erforderlich, falls Sie befürchten einzuschlafen.
Wählen Sie die Sitz- oder Liegestellung aus und sorgen Sie
dafür, daß Sie fünf Minuten nicht gestört werden. Machen
Sie es sich bequem.

3. Schließen Sie die Augen und denken Sie betont langsam die
Suggestion:

»Ich bin ganz ruhig, ganz ruhig und entspannt.«

4. Denken Sie:

»Mein rechter/linker Arm ist schwer, ganz schwer.«

Gleichzeitig denken Sie Ihr Symbol für Schwere (Pyramide o.ä.) und lassen das Gefühl der Schwere zu. Wiederholen Sie die Formel langsam sechsmal.

5. Zurücknehmen! Denken und handeln Sie:

»Arme fest, tief atmen, Augen auf.«

Für die ganze Übung werden Sie höchstens 2 Minuten benötigen! Machen Sie das ohne Erfolgserwartung, so wie sich andere Leute eine Zigarette anstecken oder ein Stück Schokolade naschen.

Der Gedanke an wärmende Sonnenstrahlen verstärkt die Wärmeübung.

2. Woche: Die Wärmeübung

Zur zweiten Übung gehen wir nach einer Woche über, ganz gleich, ob nun irgendwelche Erfolgserlebnisse in der ersten Woche auftraten oder nicht. Sobald Sie sich unter irgendwelchen Erfolgszwang setzen, wird alles nur komplizierter.

An sich ist es ganz einfach: Je entspannter die Armmuskulatur ist, um so weniger werden die versorgenden Blutgefäße eingeengt. Aus dem parasympathischen Anteil des vegetativen Nervensystems gelangen zusätzlich gefäßerweiternde Impulse an die Gefäßwandmuskulatur. Botenstoffe aus dem Gehirn unterstützen diese Funktion. Diese werden auch noch, wenn Sie das Autogene Training längst zurück genommen

haben, weiter im Blut kreisen und somit für die neu gewonnene innere Ruhe verantwortlich sein.

Ganz automatisch stellt sich ein angenehmes Wärmegefühl im Arm und besonders in der Hand ein. Bald wird diese Wärme ganz von allein in die anderen Körperteile strömen. Sie erleben dadurch, wie Ihr Körper die heilenden Impulse des Autogenen Trainings dankbar annimmt.

Die Sonne ist ein häufiges Symbol zur Unterstützung der Wärmeübung.

Mit der Formel »Der rechte/linke Arm ist warm, ganz warm« bestätigen und verstärken Sie diesen Prozeß. Als unterstützende Bildvorstellung haben sich Sonnenstrahlen, die auf den Arm treffen, oder die Erinnerung an ein zuvor genommenes, angenehm warmes Armbad bewährt. Als Bildsymbol zur unterstützenden Auslösung wird meist die Sonne eingesetzt, Sie können jedoch auch ein anderes Symbol für Wärme auswählen.

Das Übungsprogramm der zweiten Woche

1. Legen Sie täglich drei Übungszeiten fest, zum Beispiel morgens nach dem Ankleiden, während der Mittagspause im Betrieb (notfalls Toilette), noch vor dem Essen daheim oder vor dem Einschlafen.

2. Stellen Sie den Kurzzeitwecker auf fünf Minuten. Dies ist nur tagsüber erforderlich, falls Sie befürchten einzuschlafen. Wählen Sie die Sitz- oder Liegestellung aus und sorgen Sie dafür, daß Sie fünf Minuten nicht gestört werden. Machen Sie es sich bequem.

3. Schließen Sie die Augen und denken Sie betont langsam die Suggestion:

   »Ich bin ganz ruhig, ganz ruhig und entspannt.«

4. Denken Sie:

»Mein rechter/linker Arm ist schwer, ganz schwer.«

Gleichzeitig denken Sie Ihr Symbol für Schwere (Pyramide o.ä.) und lassen das Gefühl der Schwere zu. Wiederholen Sie die Formel sechsmal.

5. Denken Sie:

»Ich bin ganz ruhig, ganz ruhig und entspannt.«

6. Denken Sie:

»Mein rechter/linker Arm ist warm, ganz warm.«

Bauen Sie die Symbolvorstellung Sonne oder warmes Armbad auf und wiederholen Sie sie langsam sechsmal.

7. Zurücknehmen! Denken und handeln Sie:

»Arme fest, tief atmen, Augen auf.«

Für die ganze Übung werden Sie höchstens 2 Minuten benötigen! Denken Sie noch einmal über das nach, was Sie eben gemacht haben. Machen Sie sich bewußt, was Sie erlebt und gespürt haben, so wie man an ein schönes Erlebnis denkt.

3. Woche: Die Atemübung

Vermutlich werden Sie jetzt bereits beim Einnehmen der Übungsstellung spüren, wie Ihr Körper auf Entspannung umschaltet. Die Formeln und Bilder beginnen immer mehr, wie in einem Film abzulaufen. Das Autogene Training beginnt, Ihnen Spaß zu machen, und Sie sehnen sich nach diesen Polen der Ruhe im Alltag.

Bei Hektik und Disstreß wird die Atmung unruhig und oberflächlich, bei körperlicher Anstrengung schnell und tief. Die

Die Ruheatmung
ist langsam,
gleichmäßig und
tief.

Ruheatmung, so wie sie im Schlaf automatisch vom vegetativen Nervensystem gesteuert wird, ist langsam, gleichmäßig und von einer angenehmen Tiefe, die mild und sanft die Organe des Bauchraums und das Herz massiert. Manchmal läßt ein unangenehmer Traum den Atem schneller und oberflächlicher werden; ist er vorbei, finden die Atmung und natürlich auch Herz und Muskulatur wieder zu ihrem gesunden Gleichmaß zurück.

Die Lunge umschließt das Herz wie eine sanfte Hand. Sie drückt es beim Einatmen etwas zusammen und läßt ihm beim Ausatmen wieder Raum. Im entspannten Zustand wirkt diese sanfte Massage äußerst beruhigend auf das Herz. Die Ruhe des Herzens führt zu einem Nachlassen der Intensität des Pumpstoßes. Alle arteriellen Blutgefäße übernehmen den ruhigeren Herzrhythmus, und langsam strömt Ruhe bis zur letzten Zelle unseres Körpers.

Aus diesem Grund beginnen viele Entspannungsverfahren mit der Kontrolle der Atmung. Wir wollen jedoch nicht kontrollieren, sondern lediglich gelassen beobachten. Ohne etwas beeinflussen zu wollen, beobachten wir, wie der Atem ein- und ausströmt. Langsam wird uns der Augenblick bewußt, in dem die Einatmung in die Ausatmung und die Ausatmung in die Einatmung übergeht. Ohne unser Dazutun wird die Atmung langsamer, gleichmäßig hebt und senkt sich die Bauchdecke.

Wichtig

Im Autogenen Training geht es ausschließlich darum, den Atem bewußt wahrzunehmen und jeden neuen Atemzug zu beobachten. Denken Sie: »Es atmet mich« oder »Mein Atem strömt ganz ruhig und gleichmäßig«. Spüren sie in sich selbst hinein, welche Formel Ihnen mehr zusagt und mehr innere Ruhe schenkt.

Eine Welle oder ein Pendel symbolisiert wohl am besten dieses harmonische Gleichgewicht von Ein und Aus.

Das Übungsprogramm der dritten Woche

1. Legen Sie täglich drei Übungszeiten fest.

2. Wählen Sie die Sitz- oder Liegestellung aus und machen Sie
   es sich bequem.

3. Schließen Sie die Augen und denken Sie betont langsam:

   »Ich bin ganz ruhig, ganz ruhig und entspannt.«

4. Denken Sie:

   »Mein rechter/linker Arm ist schwer, ganz schwer.«

Gleichzeitig denken Sie das Symbol für Schwere (Pyramide
o.ä.) und lassen das Gefühl der Schwere zu. Wiederholen Sie
die Formel sechsmal.

5. Denken Sie:

   »Ich bin ganz ruhig, ganz ruhig und entspannt.«

6. Denken Sie:

   »Mein rechter/linker Arm ist warm, ganz warm.«

Bauen Sie die Symbolvorstellung Sonne oder warmes Armbad
auf und wiederholen Sie die Formel langsam sechsmal.

7. Denken Sie:

   »Ich bin ganz ruhig, ganz ruhig und entspannt.«

8. Atembeobachtung:

   »Es atmet mich« oder
   »Mein Atem strömt ganz ruhig und gleichmäßig.«

Stellen Sie sich eine Welle oder ein Pendel vor und wiederholen Sie die Formel sechsmal.

9. Denken Sie:

»Ich bin ganz ruhig, ganz ruhig und entspannt.«

10. Zurücknehmen! Denken und handeln Sie:

»Arme fest, tief atmen, Augen auf.«

Dafür werden Sie höchstens 3 Minuten benötigen! Sie können jedoch vor dem Zurücknehmen noch weitere Durchgänge ausführen, wenn Sie sich dabei angenehm fühlen! Sobald eine Spannung oder gar innere Unruhe auftaucht, haben Ehrgeiz und Ungeduld die Oberhand gewonnen!

Denken Sie noch einmal über das nach, was Sie eben gemacht und erlebt haben, wie sich die suggerierten Empfindungen von allein auf den gesamten Körper übertrugen. Machen Sie sich bewußt, was Sie erlebt und gespürt haben, so wie man an ein schönes Erlebnis denkt.

4. Woche: Die Herzübung

Lassen Sie vor dieser Übung Herz und Kreislauf vom Arzt überprüfen.

Über die Atmung haben Sie bereits in einen angenehmen Entspannungszustand gefunden. Der beruhigte Atem hat mit seiner Ruhe das Herz und die Organe des Bauchraumes auf den weiteren Entspannungsimpuls vorbereitet, den wir nun geben wollen. Durch die gleichmäßige Weitung aller Körpergefäße ist auch die sogenannte Stirnkühle angebahnt, ein hochrot erregter Kopf ist unter diesen Vorbedingungen nicht mehr möglich.

Spätestens jetzt ist es Zeit, mit Ihrem Arzt zu sprechen, denn die folgenden Übungen greifen intensiv in die Regulationsmechanismen des Körpers ein und in Ausnahmefällen kann es zu paradoxen Reaktionen kommen. Genau das Gegenteil von dem, was wir eigentlich anstreben, könnte eintreten: Herzrasen, Magen- und Darmbeschwerden, Blutdrucksenkung oder Blutdruckanstieg, der zu Schwindel führt, Ohnmacht oder Kopfschmerzen.

Wenn derartige Reaktionen auch äußerst selten sind, so können Sie daran erkennen, daß das Autogene Training wie ein rezeptpflichtiges Medikament wirken kann.

Ein Herz kann vor Freude hüpfen und zerspringen. Es kann mir etwas auf dem Herzen liegen oder zu Herzen gehen, vielleicht nehme ich mir auch etwas zu sehr zu Herzen oder bin herzlos. Die Herzen herzlicher Menschen finden zueinander, die der Engherzigen tun das nicht, weil sie nicht auf ihr Herz hören. Kein anderes Organ unseres Körpers scheint eine derart enge Beziehung zu unserem Wesenskern zu haben.

Vermutlich führen unreife Charakterzüge bevorzugt zu Veränderungen am Herzen. Der Zusammenhang ist durch psychologische Testreihen bereits bewiesen, das rein funktionelle Geschehen im Körper jedoch erst in Ansätzen bekannt. Wir wollen mit dieser Übung nicht unserem Herzen Gehorsam befehlen, sondern uns in Dankbarkeit diesem Motor unseres physischen Lebens zuwenden. Von seiner Leistungsbereitschaft hängt für uns fast alles ab. Wenn wir uns ihm in Liebe zuwenden, dann führt dies nachweislich zu einer verbesserten Durchblutung und Ernährung der Herzmuskulatur.

Das Symbol liebender Hände, die ein Herz beschützend umschließen, wird gern benutzt.

Das Übungsprogramm der vierten Woche

1. Legen Sie täglich drei Übungszeiten fest.

2. Wählen Sie die Sitz- oder Liegestellung aus und machen Sie es sich bequem.

3. Schließen Sie die Augen und denken Sie betont langsam die Suggestion:

»Ich bin ganz ruhig, ganz ruhig und entspannt.«

4. Denken Sie:

»Mein rechter/linker Arm ist schwer, ganz schwer.«

Gleichzeitig denken Sie das Symbol für Schwere (Pyramide o.ä.) und lassen das Gefühl der Schwere zu. Wiederholen Sie die Formel sechsmal.

5. Denken Sie:

»Ich bin ganz ruhig, ganz ruhig und entspannt.«

6. Denken Sie:

»Mein rechter/linker Arm ist warm, ganz warm.«

Bauen Sie die Symbolvorstellung Sonne oder warmes Armbad auf und wiederholen Sie die Formel langsam sechsmal.

7. Denken Sie:

»Ich bin ganz ruhig, ganz ruhig und entspannt.«

8. Atembeobachtung:

»Es atmet mich« oder
»Mein Atem strömt ganz ruhig und gleichmäßig.«

Stellen Sie sich eine Welle oder ein Pendel vor und wiederholen Sie die Formel sechsmal.

9. Eventuell legen Sie die nicht dominante Hand liebevoll auf

4. Woche: Die Herzübung 63

Ihr Herz. Um es bequem zu haben, unterstützen Sie den Ellbogen durch ein Kissen. Während Sie den Herzschlag leicht spüren, entsteht das Symbol der um das Herz gelegten, beschützenden Hände vor Ihrem inneren Auge. Denken Sie:

»Herz ganz ruhig und gleichmäßig.«

Wer eine Unruhe spürt, wenn er sich dem Herzen direkt zuwendet, kann diese Formel wählen:

»Puls ruhig und fest.«

Vielleicht denken Sie aber auch einfach »Danke« oder »Ich hab dich lieb«. Wiederholen Sie die Formel langsam sechsmal.

10. Denken Sie:

»Ich bin ganz ruhig, ganz ruhig und entspannt.«

11. Zurücknehmen! Denken und handeln Sie:

»Arme fest, tief atmen, Augen auf.«

Dafür werden Sie höchstens 4 Minuten benötigen! Sie können jedoch vor dem Zurücknehmen noch weitere Durchgänge ausführen, wenn Sie sich dabei angenehm fühlen! Sobald eine Spannung oder gar innere Unruhe auftaucht, haben Ehrgeiz und Ungeduld die Oberhand gewonnen!

Denken Sie noch einmal über das nach, was Sie eben gemacht und erlebt haben, wie sich die suggerierten Empfindungen von allein auf den gesamten Körper übertrugen.

5. Woche: Die Leibübung (Sonnengeflechtsübung)

Streß schlägt uns auf den Magen. Bei Angst reagiert der Darm mit Durchfall oder Verstopfung. Essen wir zu hektisch oder ernähren wir uns falsch, engen Krämpfe und Gasbildungen

Herz und Lunge ein. Der Darm wird durch ständige innere Unruhe in seiner Aktivität gehemmt. Krankheitserreger können bis in die Blutbahn vordringen, ungünstige Darmbakterien vermehren sich und schränken die wichtigen Darmbakterien in ihrer Funktion ein. Notwendige Vitalstoffe können nicht in die Blutbahn überführt werden, es kommt zur Mangelversorgung aller Organe. Wir brauchen nur noch ein paar Jahre zu warten, bis Herzinfarkt, Schlaganfall, Magengeschwüre oder ein Hörsturz anzeigen, daß der ewige Streß sich nun auch organisch manifestiert hat.

Stellen Sie sich einen Bach vor, der aus einer warmen Quelle strömt, um die Wirkung der Sonnengeflechtsübung zu verbessern.

Vom **Sonnengeflecht** (Solarplexus), dem größten Nervengeflecht unseres Körpers, gehen die meisten jener Nerven aus, die das Verdauungssystem steuern. Wärmeempfinden als sicheres Zeichen der Entspannung im Bauchraum steht auch für das unbehinderte Funktionieren dieses Bereiches. Das Sonnengeflecht besteht aus mehreren ineinander übergehenden Nervenknoten, die in der Mitte des Oberbauches hinter dem Magen und vor der Wirbelsäule liegen. Es befindet sich in etwa auf der Höhe zwischen Bauchnabel und Beginn des Brustbeins. Besonders am vermehrten Speichelfluß erkennen wir die Umschaltung auf den parasympathischen, beruhigenden Anteil des Vegetativen Nervensystems. Vermehrte Magen- und Darmgeräusche zeigen an, daß unser Körper wieder mehr Zeit hat, sich mit sich selbst zu beschäftigen. Durch die vermehrte Ausscheidung von Verdauungsenzymen kommt es zur gründlicheren Verdauung.

Das Ganze ist ursprünglich durch eine verbesserte Durchblutung eingeleitet worden, was wir an einem angenehmen Wärmegefühl im gesamten Bauchraum und als leichtes Bewegungsgefühl spüren.

Schlängelnde Strahlen, die von einem Punkt ausgehen, sind

das ursprüngliche Symbol des Solarplexus. Das Symbol einer sich langsam schlängelnden Schlange, die unser Verdauungssystem darstellt, im Bewußtsein zu halten ist zugleich ein Maßstab für unsere inneren Ruhe oder Unruhe. Auch das Bild eines sich gemächlich durch Wiesen schlängelnden warmen Baches kann als Symbol verwendet werden.

Das Übungsprogramm der fünften Woche

1. Legen Sie täglich drei Übungszeiten fest.

2. Wählen Sie die Sitz- oder Liegestellung aus und machen Sie es sich bequem.

3. Schließen Sie die Augen und denken Sie betont langsam die Suggestion:

»Ich bin ganz ruhig, ganz ruhig und entspannt.«

4. Denken Sie:

»Mein rechter/linker Arm ist schwer, ganz schwer.«

Gleichzeitig denken Sie das Symbol für Schwere (Pyramide o.ä.) und lassen das Gefühl der Schwere zu. Wiederholen Sie die Formel sechsmal.

5. Denken Sie:

»Ich bin ganz ruhig, ganz ruhig und entspannt.«

6. Denken Sie:

»Mein rechter/linker Arm ist warm, ganz warm.«

Bauen Sie die Symbolvorstellung Sonne oder warmes Armbad auf und wiederholen Sie die Formel langsam sechsmal.

7. Denken Sie:

»Ich bin ganz ruhig, ganz ruhig und entspannt.«

8. Atembeobachtung:

»Es atmet mich« oder
»Mein Atem strömt ganz ruhig und gleichmäßig.«

Stellen Sie sich eine Welle oder ein Pendel vor und wiederholen Sie die Formel sechsmal.

9. Eventuell legen Sie die nicht dominante Hand liebevoll auf Ihr Herz. Um es bequem zu haben, unterstützen Sie den Ellbogen durch ein Kissen. Während Sie den Herzschlag leicht spüren, entsteht das Symbol der um das Herz gelegten, beschützenden Hände vor Ihrem inneren Auge. Denken Sie:

»Herz ganz ruhig und gleichmäßig.«

Wer eine Unruhe spürt, wenn er sich dem Herzen direkt zuwendet, kann diese Formel wählen:

»Puls ruhig und fest.«

Vielleicht denken Sie aber auch einfach »Danke« oder »Ich hab dich lieb«. Wiederholen Sie die Formel langsam sechsmal.

10. Denken Sie:

»Ich bin ganz ruhig, ganz ruhig und entspannt.«

11. Stellen Sie sich das Symbol der schlängelnden Sonnenstrahlen vor. Mögliche Formeln:

»Sonnengeflecht strömend warm.«
»Magen strömend warm.« oder »Bauch warm.«

12. Denken Sie:

»Ich bin ganz ruhig, ganz ruhig und entspannt.«

13. Zurücknehmen! Denken und handeln Sie:

»Arme fest, tief atmen, Augen auf.«

Dafür werden Sie höchstens 5 Minuten benötigen! Sie können jedoch vor dem Zurücknehmen noch weitere Durchgänge ausführen, wenn Sie sich dabei angenehm fühlen! Sobald eine Spannung oder gar innere Unruhe auftaucht, haben Ehrgeiz und Ungeduld die Oberhand gewonnen!

Denken Sie noch einmal über das nach, was Sie eben gemacht und erlebt haben, wie sich die suggerierten Empfindungen von allein auf den gesamten Körper übertrugen. Machen Sie sich bewußt, was Sie erlebt und gespürt haben, so wie man an ein schönes Erlebnis denkt.

6. Woche: Die Stirnübung

Kühlen Kopf, warme Hände und Füße kennt bereits der Volksmund als Zeichen körperlichen Wohlbefindens. Beim Autogenen Training arbeiten Sie mit Gedanken, inneren Bildern und Wahrnehmungen, während sich ihr Körper erholt. Lassen Sie ein leises Lächeln über Gesicht und Körper strömen, damit die letzte Anspannung aus der Gesichtsmuskulatur genommen wird. Auch die Augenmuskulatur, die viel zu häufig durch starres Blicken überbeansprucht wird, profitiert von dem Lächeln.

Ein Lächeln lockert die Gesichts- und Augenmuskeln.

Inzwischen ist Ihr gesamter Körper von einer wohligen Schwere und Wärme durchströmt. Die Suggestion »kühler Kopf« sorgt für optimale Durchblutung, eine eventuelle Müdigkeit wandelt sich in gelöste Wachheit. Ebenso wie das Herz und die meisten inneren Organe braucht das Gehirn keine Ruhepausen, sondern nur optimale Arbeitsbedingungen, die Sie durch das Autogene Training schaffen können. In Ihrem Körper hat sich nun ein Zustand eingestellt, der optimal für geistiges Arbeiten geeignet ist.

Wichtig

Wer im Zustand der Entspannung lernt, sich erinnert oder kreativ ist, nutzt das gesamte Potential seines Körpers und Geistes aus –und schont dabei noch seine Kräfte!

Das Übungsprogramm der sechsten Woche

1. Legen Sie täglich drei Übungszeiten fest.

2. Wählen Sie die Sitz- oder Liegestellung aus und machen Sie es sich bequem.

3. Schließen Sie die Augen und denken Sie betont langsam die Suggestion:

»Ich bin ganz ruhig, ganz ruhig und entspannt.«

4. Denken Sie:

»Mein rechter/linker Arm ist schwer, ganz schwer.«

Mit der Vorstellung eines Propellers, der kühle Luft auf die Stirn weht, optimieren Sie die Stirnübung.

Gleichzeitig denken Sie das Symbol für Schwere (Pyramide o.ä.) und lassen das Gefühl der Schwere zu. Wiederholen Sie die Formel sechsmal.

5. Denken Sie:
»Ich bin ganz ruhig, ganz ruhig und entspannt.«

6. Denken Sie:
»Mein rechter/linker Arm ist warm, ganz warm.«

Bauen Sie die Symbolvorstellung Sonne oder warmes Armbad auf und wiederholen Sie die Formel langsam sechsmal.

7. Denken Sie:

»Ich bin ganz ruhig, ganz ruhig und entspannt.«

8. Atembeobachtung:

»Es atmet mich« oder
»Mein Atem strömt ganz ruhig und gleichmäßig.«

Stellen Sie sich eine Welle oder ein Pendel vor und wiederholen Sie die Formel sechsmal.

9. Während Sie den Herzschlag leicht spüren, entsteht das Symbol der um das Herz gelegten, beschützenden Hände vor Ihrem inneren Auge. Denken Sie betont langsam die Suggestion:

»Herz ganz ruhig und gleichmäßig.«

Wiederholen Sie die Formel langsam sechsmal.

10. Denken Sie:

»Ich bin ganz ruhig, ganz ruhig und entspannt.«

11. Sie spüren einen kühlen Hauch aus der Klarheit der Berge über Ihre Stirn streifen und lächeln. Stellen Sie sich das Symbol des Propellers vor. Denken Sie:

»Stirn angenehm kühl.«

oder, wenn es Ihnen besser gefällt:

»Ich lächle.«

12. Zurücknehmen! Denken und handeln Sie:

»Arme fest, tief atmen, Augen auf.«

Dafür werden Sie höchstens 6 Minuten benötigen! Wenn Sie sich vor dem Zurücknehmen den Befehl geben:

»Ich werde mich jetzt aus der Entspannung lösen und anschließend hellwach und frisch sein.«

ist der Übergang zum Zurücknehmen harmonischer. Dies gilt besonders dann, wenn Sie mehrere Durchgänge der Suggestionen hintereinander machen, um noch tiefer zu entspannen. Andernfalls baut sich nach der Stirnkühle-Suggestion bereits eine gewisse Anspannung auf, weil Ihr Körper meint, daß jetzt die Zurücknahme folgt.

Nach dem Zurücknehmen sind Sie hellwach und frisch.

Wenn Sie generell Ihre Übungen auf diese Weise beenden, dann schleift sich die Wirkung mit zunehmender Intensität ein. Sie werden nach dem Zurücknehmen hellwach und frisch sein.

Denken Sie noch einmal über das nach, was Sie eben gemacht und erlebt haben, wie sich die suggerierten Empfindungen von allein auf den gesamten Körper übertrugen. Machen Sie sich bewußt, was Sie erlebt und gespürt haben, so wie man an ein schönes Erlebnis denkt.

Ein Blick in die Zukunft

Ich bin mir sicher, in der besseren Welt, auf die wir letztendlich hinleben, wird das bewußte Entspannen eine Schlüsselstellung einnehmen. Probleme und Streitigkeiten werden dort gelöst, indem man gemeinsam in die Stille geht. Ein Geist, der nicht eingeschränkt ist durch die Behinderungen eines gestreßten und unbeherrschten Körpers, kann frei denken. Neue Möglichkeiten zeigen sich auf. Unsere Gedanken verbinden sich mit allen, die uns lieben. Vielleicht entsteht sogar ein Draht zur universellen kosmischen Weisheit.

Was tun, wenn es nicht so richtig klappen will?

Schwierigkeiten während des gesamten Übungsablaufs

? *Ich glaube, die Übungen sind nichts für mich, denn ich traue mir generell zu wenig zu. Außerdem habe ich bereits einige Male das Autogene Training abgebrochen.*

Selbsterkenntnis sollte der erste Schritt zum Weiterschreiten und nicht zum Stehenbleiben sein. Nehmen Sie sich vor, für ein Vierteljahr konsequent bei der Sache zu bleiben, auch wenn die Erfolge noch auf sich warten lassen. Autogenes Training kann Ihre Persönlichkeit und Ihr Leben entscheidend zum Positiven hin verändern.

Fangen Sie ganz locker und gelassen mit einer vereinfachten Einstiegsübung an, denn oft führt der Wunsch, es besonders gut zu machen, zu Streß und Unruhe. Damit verhindern Sie auch Negativreflexe von den vorherigen Abbrüchen.

Tip

Autogenes Training wird Ihnen in vielen Dingen eine entscheidende Hilfe sein. Überlegen Sie deshalb in Ruhe, ob Sie nicht einige Stunden privat bei einem Therapeuten nehmen möchten. Er kann Ihnen zum Beispiel durch autogene Verbalisation helfen. Dabei werden alle beim Üben auftretenden Sinnesempfindungen, Gedanken, Gefühle und körperlichen Erscheinungen (z.B. Schwitzen, Herzklopfen, Schwindel) hinterfragt und möglichst aufgelöst.

? *Ich habe Angst, während der Übung einzuschlafen.*

Anhand der Hirnstromwellen (EEG) läßt sich feststellen, daß das Bewußtsein während der Schwere- und der Wärmeübung schwächer wird; bei den anschließenden Übungen nimmt die geistige Wachheit wieder zu, der Körper verbleibt in der Entspannung.

Bei der abendlichen Bettübung spielt dies natürlich keine Rolle, während des Tages sollten Sie mit dieser Suggestion vorsorgen:

»Ich werde erst nach Abschluß des Autogenen Trainings einschlafen.«

Um die Entwicklung eines ungünstigen Reflexes zu vermeiden, sollten Sie jedoch während der Übungen am Tage immer wach bleiben:

So bleiben Sie während der Übungen wach

- Machen Sie es sich im Sitzen nicht zu bequem.
- Schließen Sie die Augen nur bis auf einen Spalt.
- Winkeln Sie im Liegen einen Arm ganz an und belassen Sie ihn dort, so daß Sie ihn halten müssen.
- Schalten Sie parallel zur Ruhetönung »Ich bin ganz ruhig« im Wechsel die Suggestion »Mein Körper ist wohlig entspannt, mein Geist ist hellwach« ein.

? *Soll ich zuerst die Formel denken und dann das Symbol und die Empfindung in mir wachrufen oder umgekehrt?*

Das bleibt Ihrem Empfinden überlassen. Versuchen Sie nach und nach, alle Elemente einer Formel auf einmal wachzurufen, denn normalerweise denken, sehen und fühlen Sie ja auch gleichzeitig.

Konzentrationsschwierigkeiten

? *Es gelingt mir nur selten, wirklich in Gedanken bei den Übungen zu bleiben.*

Gerade durch das Autogene Training wird man sich seiner Konzentrationsprobleme bewußt. Oft ist die Konzentration auch in Alltagssituationen nicht besonders gut, es fällt jedoch nicht so deutlich auf, weil die Kontrolle fehlt.

Unsere Aufmerksamkeit kann sowohl durch äußere als auch durch innere Ursachen erschwert werden: Straßenlärm, das Klingeln der Wohnungsglocke, ein laufendes Radio oder spielende Kinder im Nebenzimmer. Vor allem sind es natürlich Worte oder Wortfetzen, die unser Interesse wecken und zur Unkonzentriertheit verführen. Auch das Gefühl, jemand könnte in unseren Übungsraum kommen, ruft eine gewisse Unbehaglichkeit hervor und hindert uns, ganz loszulassen.

Der naheliegende Gedanke, sich in ein stilles Kloster zurückzuziehen oder alle Störungen gezielt abzustellen, läßt sich meist nicht verwirklichen – und ist auch nur in den ersten Wochen wünschenswert.

Statt die Umstände zu ändern, müssen Sie lernen, Ihre Einstellung zu ihnen zu ändern. Wenden Sie sich beispielsweise vor Übungsbeginn besonders intensiv einem störenden Geräusch zu. So verliert es seine Bedrohlichkeit, und nach einiger Zeit können Sie es links liegen lassen.

Eine weitere Möglichkeit ist das **Teilen der Aufmerksamkeit**. Stellen Sie sich gleichzeitig auf eine Störung und auf ein Körpergefühl ein – schließlich können Sie sich beim Autofahren auch zusätzlich auf das Gespräch mit dem Beifahrer konzentrieren. Für den täglichen Einsatz des Autogenen Trainings ist dies eine entscheidende Voraussetzung.

Häufig kommen während des Autogenen Trainings durchaus wertvolle **Gedanken**, die Sie vielleicht aufschreiben möchten. Führen Sie diese Schreibbewegungen dann extrem langsam durch, um auf diese Weise weiter in die Entspannung zu gleiten. Dies sollte jedoch nicht zur Regel werden und nur für ganz wichtige Gedanken erlaubt sein.

Das Autogene Training ist eine gute Möglichkeit, seine Konzentrationsfähigkeit zu verbessern.

Wichtige Gedanken können Sie mit betont langsamen Bewegungen aufschreiben.

Je lebhafter Ihre Vorstellung, um so besser die Konzentration

- Geben Sie dem Vorstellungsbild Bewegung. Lassen Sie zum Beispiel das Schweresymbol Pyramide ganz langsam im Sand versinken. Die jeweilige Formel leuchtet langsam stärker werdend oder Silbe für Silbe auf.
- Nützen Sie das Ein- und Ausatmen, um die Formel zu rhythmisieren. Denken Sie dabei je einen Teil der Suggestionsformel, während Sie ein- bzw. ausatmen:
  – Ich bin / ganz ruhig
  – Meine Arme / sind schwer
  – Meine Arme / sind warm
  – Es atmet / mich
  – Mein Herz / schlägt ruhig
  – Mein Sonnengeflecht / strömt warm
  – Stirn / angenehm kühl

Dadurch sind Sie gezwungen, mehr bei der Sache zu bleiben. Passen Sie sich mit der gedachten Sprache dem Atemrhythmus an und ordnen Sie ihn nicht etwa der Formel unter. Wenn Sie dabei das Gefühl dafür verlieren, ob Sie bereits fünf- oder siebenmal Ihre Formel »geatmet« haben, so ist dies besser, als wenn Sie sich durch das Mitzählen ablenken lassen. Gehen Sie zur nächsten Formel über, wenn Sie meinen, es sei jetzt die Zeit dafür, auch wenn noch keine körperlichen Reaktionen spürbar sind.

Tip

- Lassen Sie Gedanken, die sich immer wieder einschleichen, wie Wolken am Himmel vorbeiziehen. Wenn Sie sich nicht mit dem aktuellen Gedanken beschäftigen, sondern neugierig darauf warten, welcher als nächster kommt, wird der Gedankenstrom meist blockiert.
- Konzentrieren Sie sich auf das Strömen Ihres Atems. Nehmen Sie ihn bewußt wahr. Machen Sie sich keine Vorwürfe, wenn die Gedankenbeherrschung noch nicht so richtig klappen will; es wird mit jedem Versuch besser.

Sie haben auch die Möglichkeit, nach Durchlaufen der Übung weiter in der **Entspannung** zu verbleiben, indem Sie zum Beispiel betont langsam an den Schreibtisch zurückgehen und eventuell durch zwischengeschaltete Übungen im Autogenen Training die Basis für geistiges Arbeiten unter Entspannung aufrecht halten. Die hohe Effizienz eines derartigen Lernens oder Arbeitens in Entspannung ist inzwischen mehrfach wissenschaftlich bestätigt worden. Es muß also nicht unbedingt das sehr zeitaufwendige Superlearning sein.

Auf jeden Fall ist es falsch, anzunehmen, durch eine Verlängerung der Übung könnte man mangelnde Konzentration wieder wett machen. Ob Sie einmal einen schlechten Tag haben oder generell noch nicht in der Konzentration geübt sind: Halten Sie am besten die Übungen so kurz wie möglich. Erst wenn Sie fünf bis maximal sechs Minuten lang die Konzentration bei Ihren Formeln und Vorstellungen halten können, sollten Sie über längere Zeiträume üben. Stellen Sie einen Kurzzeitwecker, da das Zeitgefühl beim Üben meist verloren geht. Jedoch auch nur eine Minute mit einer Formel zu üben macht Sinn, wenn Sie dadurch diese Übung mit einem guten Gefühl verlassen.

In entspanntem Zustand arbeitet man viel effizienter.

In vielen Fällen hat sich das **Prinzip des wiederholten Anfangens** bewährt. Es führt zu einem erhöhten Bewußtsein, in der Übungssituation abzubrechen, sobald gedankliche Ausreißer die Regel werden. Fangen Sie besser nach kurzer Zeit wieder an und probieren es einfach noch einmal, aber ohne sich selbst unter Druck zu setzen. Damit erreichen Sie am besten Ihr Ziel. Auch hat es keinen Sinn, aktiv gegen Ablenkungen vorzugehen, denn Sie schenken den störenden Gedanken damit nur noch mehr Aufmerksamkeit – und genau darum geht es nicht!

Wichtig

Machen Sie es sich bewußt, daß es beim Autogenen Training um eine ganz besondere Form der Konzentration geht. Sie ist nicht leistungsbetont und damit streßanfällig, sondern passiv, betrachtend, registrierend. Sie ist die Konzentration des Zuschauers, eine Konzentration ohne Anstrengung! In aller Ruhe registrieren Sie, wo, wann und wie sich ein verstärktes Gefühl wahrnehmen läßt.

Probleme mit der Ruhetönung

Bereits wenn ich beginne, die Ruhetönung zu denken, fühle ich mich innerlich noch unruhiger. Wie soll ich mir da einreden können »Ich bin ganz ruhig«? Wäre es nicht eventuell besser, mit »Ich werde ganz ruhig« zu beginnen?

Wenn Sie das Autogene Training erlernen wollen, dann ist eine streßbelastete Ausgangssituation die denkbar ungünstigste Voraussetzung. Es kann sogar zur Entwicklung eines paradoxen, also unerwünschten Reflexes kommen, der in der Praxis wie folgt aussieht:

Jedes Mal, wenn Sie besonders unruhig sind, üben Sie das Autogene Training. Es gelingt Ihnen jedoch verständlicherweise nicht, richtig zur Ruhe zu kommen. Ihr Körper verbindet mehr und mehr die Suggestionen des Autogenen Trainings mit den Unruhegefühlen während des Übens. Eines Tages beobachten Sie, wie sich bereits beim Denken an die Ruhetönung jenes unruhige Gefühl einstellt, das Sie bisher vorwiegend während des Autogenen Trainings hatten.

Wichtig

In den ersten sechs Wochen ist es von entscheidender Bedeutung, unter **optimalen Bedingungen** zu üben, um Entspannung vertieft zu erleben. Auch später sollten Sie nicht nur in Belastungssituationen üben!

Es könnte auch sein, daß Sie mit dem Aussprechen der Ruhetönung nicht unruhiger werden, sondern daß Ihnen Ihre innere Unruhe erst richtig bewußt wird. Auch die Erwartung, daß sich jetzt gleich etwas spüren lassen muß, und das Bemühen, es besonders gut zu machen, führen oft zu steigender innerer Unruhe; lassen Sie die Formel der Ruhetönung völlig passiv auf sich wirken.

Häufig spürt man jedoch in den ersten Wochen äußerst wenig, oder die angestrebten Empfindungen treten mit deutlicher Zeitverzögerung, manchmal erst nach Stunden, auf. Trotz exaktem Zurücknehmen fühlt man sich viel später plötzlich besonders wohl. Dies hängt vermutlich mit der Ausschüttung beruhigender Hormone wie Noradrenalin und der Endorphine zusammen, die in der Anfangsphase des Autogenen Trainings noch relativ langsam freigesetzt werden. Diese Hormone sind besonders für die über Stunden anhaltende, günstige Nachwirkung des Autogenen Trainings mit verantwortlich.

Die positiven Wirkungen des Autogenen Trainings treten manchmal erst Stunden später auf, was vermutlich mit der Ausschüttung bestimmter Hormone zusammenhängt.

Es ist eine in der Suggestionstherapie vielfach belegte Tatsache, daß **in die Zukunft verlegte Suggestionsformeln** in Sinne von »Ich werde immer ruhiger« weniger oder kaum wirken. Ebenso besteht ein Problem bei Formeln mit Verneinungen. Suggestionen im Sinne von »Ich habe keine Kopfschmerzen« scheinen sogar so zu wirken, wie wir die Aussage ohne die Verneinung verstehen würden. Statt der erwünschten »Erlösung« von den lästigen Kopfschmerzen treten verstärkte Schmerzempfindungen auf.

Mit den Formeln des Autogenen Trainings wollen Sie sich nichts »einreden«, sondern vorhandene Empfindungen bewußter wahrnehmen und verstärken. Dies ist natürlich besonders dann schwierig, wenn Sie einen inneren Widerstand gegen eine Formel beobachten. Zeigt sich dieses Problem eindeutig, so sollten Sie den Einstieg über die Atmung oder Bewegung wählen, wie er im nächsten Kapitel (siehe Seite 102ff.) beschrieben wird.

Es ist also günstig, anfänglich die Übungszeit möglichst kurz zu halten und sein Programm ruhig und exakt durchzuziehen, so als würden Sie einen Brief schreiben und nun warten, bis eines Tages die Antwort kommt.

Wenn ich es richtig verstanden habe, soll ich mir parallel zu jeder Formel ein Symbol und ein Gefühl für die Formel aufbauen. Soll ich das bei der Ruhetönung auch? Ist das nicht alles ein bißchen viel auf einmal?

Bei den Übungen der Oberstufe werde ich noch näher darauf eingehen, daß ein intensives körperliches Erleben ein intensives inneres Erleben voraussetzt. Dies erreichen Sie, indem möglichst viele Wahrnehmungskanäle (Sehen, Hören, Riechen, Schmecken, Fühlen, Gefühl und Gedanken) angesprochen werden.

Für die Ruhetönung benötigen Sie kein spezielles Symbol.

Während des Denkens von »Ich bin ganz ruhig« oder später nur »Ruhe«, schalten Sie anfangs von außen nach innen, anschließend dann von einer Formel zur anderen um. Dafür benötigt man kein spezielles Symbol oder Gefühl. Anschließend machen Sie sich das Symbol bewußt, zum Beispiel für Schwere (Blei, Mehlsack oder Ihr persönliches Zeichen). Zu diesem Symbol denken Sie dann beispielsweise die Formel »Ich bin ganz ruhig« und lassen in sich zunehmend das Schweregefühl aufbauen, unterstützt durch die Erinnerung an die Erschöpfung nach einer Bergtour, die Geräusche, die Kühle des Bergabends etc.

Noch werden Sie sicher einen Schritt nach dem anderen tun. Sobald es Ihnen jedoch zur Gewohnheit geworden ist, löst bereits das Denken des Symbols automatisch das Denken der Formel und das Gefühl der Schwere aus. Das anfänglich hilfreiche Bergbild tritt zunehmend in den Hintergrund, je schneller die Durchgänge werden. Sie brauchen es jetzt nicht mehr, weil allein das Symbol und die Formel in der Lage sind, das Schwereempfinden in Ihnen wachzurufen. So läuft es zunehmend bei allen Formeln ab.

Probleme mit der Schwereübung

Soll man mit der Wiederholung der Formel auch das jeweilige Vorstellungsbild und Gefühl immer wieder neu aufbauen?

Nein. Bauen Sie möglichst gleichzeitig die bildhafte Vorstellung, das dazugehörige Körpergefühl und die Formel in Ihrem Gedächtnis auf. Die Formel wird nun wie ein Schub eingesetzt, der bei jeder Wiederholung Vorstellungsbild und Körpergefühl verstärkt.

Ich spüre keine Schwere im Arm.

Im allgemeinen kann man sich als Anfänger besser auf kleinere Körperabschnitte konzentrieren. Oft erfuhr ich in Kursen, daß die Teilnehmer anfänglich mit der Formel »Rechte Hand schwer« besser zurecht kamen. Ist dies gelungen, so geht man erst auf »Hand und Unterarm schwer« und dann auf den ganzen Arm über. Auch die Konzentration auf jene Stellen, an denen der Arm auf die Unterlage drückt, ist zu Beginn der Übung nützlich.

Tip

Setzen Sie gleichzeitig bildhafte Vorstellungen ein. Wenn Sie sich etwas suggerieren, ist ja nur Ihr Sprachbereich beschäftigt. Sie können also gleichzeitig in Ihrer Vorstellung etwas sehen, hören, riechen, schmecken und fühlen. Je mehr Wahrnehmungsebenen Sie ansprechen, um so intensiver ist der Impuls für Ihren Körper.

Bewährt hat sich auch die von *Johannes Schultz* empfohlene Verstärkung der Ausatmung. Während das Einatmen ein aktiver Prozeß unserer Atemhilfsmuskulatur ist, kommt das normale Ausatmen vorwiegend durch das Loslassen dieser Muskulatur und die Elastizität des Lungengewebes zustande. Sie können nachvollziehen, wie bei jedem Ausatmen die Schwere etwas zunimmt. Auch die Vorstellung, Schwere einzuatmen, die dann während der Ausatmung in den Arm oder auch den ganzen Körper fließt, ist hilfreich.

Ob es sich nun um Schwere, Wärme oder andere Empfindungen handelt, halten Sie Ihre Sinne offen für Wahrnehmungen, die das autogene Training unterstützen können. So berichtete mir eine Kursteilnehmerin, daß sie, als ihre Kosmetikerin von einem schweren Duft sprach, auf einmal ein nie zuvor im Arm erlebtes Schweregefühl hatte. Sie prägte sich diesen Duft genau ein, indem sie an ihm roch und anschließend in einem anderem Raum versuchte, sich an den Duft zu erinnern. Nach mehrmaligem Üben gelang es ihr. Für drei Wochen war ihr die Erinnerung an den schweren Duft eine Hilfe, dann brauchte sie diese »Krücke« nicht mehr.

Vielleicht begegnet Ihnen beispielsweise ein Ton, der Ihr Schwereempfinden zu unterstützen vermag. Meist sind es jedoch die Erinnerungen an körperliche Erschöpfung (nach anstrengender Arbeit oder sportlichen Tätigkeiten), die dieses Ge-

Bildhafte Vorstellungen, wie etwa der Gedanke an ein tolles Tennisspiel, erhöhen die Wirkung der Suggestionsformeln.

fühl leichter entstehen lassen. Versetzen Sie sich dabei am besten in der Erinnerung in den Zustand wohligen Erschöpftseins, während Sie am Strand, in der Hängematte oder auf der Couch liegen. Um dieses Bild und Gefühl schneller in sich entstehen zu lassen, können Sie ein Schlüsselsymbol zum Auslöser machen, zum Beispiel einen schweren Koffer, den Sie schleppen mußten, oder ein anstrengendes Tennismatch.

Beachten Sie

Denken Sie nur an Erlebnisse, die Sie in angenehmer Erinnerung haben, da sie wieder alle erlebten Gefühle hervorrufen. Sie sollten also, um beim Beispiel des Koffers zu bleiben, damals nur wohlig erschöpft gewesen sein und nicht etwa einen schrecklichen Ischiasschmerz verspürt haben.

Häufig hilft auch die Suggestion »Mein Arm ist bleischwer«.

Ihr Arm hat ein gewisses Eigengewicht, also eine Schwere. Wenn Sie sich wieder bewußt machen, daß es beim Autogenen Training anfänglich um eine vertiefte Wahrnehmung körperlicher Istzustände geht und noch nicht um eine Veränderung, dann können Sie die Formel sicher leichter annehmen. Wenn Sie nun den ausgestreckten Arm ein bis zwei Minuten etwas über der Auflagestelle halten, werden Sie eine natürliche Schwere feststellen, die sich später leicht in der Erinnerung wieder wachrufen läßt. Ähnliches erleben Sie, wenn Sie den Arm längere Zeit fest an den Körper drücken.

Wichtig

Besonders in den ersten Übungswochen schwankt die Intensität der Wahrnehmungen stark. Seien Sie deshalb nicht enttäuscht, sondern üben Sie konsequent und ohne Erwartungen weiter!

? *Ich spüre die Schwere entgegen der Suggestion im anderen Arm.*

Im Rahmen der bereits erwähnten Generalisation springt die Schwere zunehmend auf den ganzen Körper über. Da wir immer vom aktiven Arm, also dem am meisten verspannten ausgehen, ist es verständlich, wenn der andere meist entspanntere Arm den Übungsauftrag leichter annimmt. Gehen Sie trotzdem bei der Übung vom dominanten Arm aus; Sie werden feststellen, daß es nach kurzer Zeit genauso klappt.

? Ich habe mehrere Monate geübt und empfinde trotzdem noch keine Schwere in den Beinen. Die sogenannte Generalisation wirkt sich bei mir nur auf den gegenüber liegenden Arm und den Rumpf aus.

Die Beine werden vom Gehirn nicht so bewußt wahrgenommen wie die Arme.

Dieses Problem ist nicht selten. Vielleicht hat es etwas damit zu tun, daß wir die Beine nicht so bewußt wahrnehmen wie die Arme, da ihnen im Gehirn deutlich weniger Nervenzellen zugeordnet sind. Um zu verhindern, daß sich im Körper ein unterschiedliches Schweregefühl festigt, hat es sich bewährt, mit den Formeln »linke Seite schwer« und »rechte Seite schwer« ein verbindendes Empfinden aufzubauen.

Während die Formel »Arm bleischwer« durchaus zugelassen werden kann, wenn sie Ihnen eine Hilfe ist, könnte die Vorstellung, »mein Arm ist aus Blei« (oder »wie ein mit Sand gefüllter Sack«, »Teil einer Marmorstatue«) ungünstig sein. *Johannes Schultz* sprach von einer Gefährdung der Übenden durch persönlichkeitswidrige Verbilderungen, weil dadurch ein reales Körperempfinden gehemmt werden kann.

? Anstelle der Schwere erlebe ich ein zunehmendes Leichtigkeitsgefühl.

Diese Umschaltung tritt meist erst auf, wenn das Autogene Training gut beherrscht wird. Dann empfinden viele eine angenehme Leichtigkeit, die ebenfalls ein Ausdruck muskulärer Entspannung ist.

Behalten Sie trotzdem die Schweresuggestion vorerst bei. Über die Schweresuggestion läßt sich erfahrungsgemäß eine

Entspannung des gesamten Körpers besser einleiten. Daß Sie Leichtigkeit spüren, ändert ja nichts daran, daß Ihr Arm – real gesehen – schwer ist. Sie wollen mit dem Autogenen Training günstige Körperempfindungen deutlicher wahrnehmen und verstärken, und sowohl Schwere wie auch Leichtigkeit führen zu einer zunehmenden Entspannung.

? Besonders im Arm oder im ganzen Körper macht sich ein nervöses Kribbeln bemerkbar.

Wahrscheinlich hat dieses Kribbeln bereits vorher bestanden und ist Ihnen nun durch die verstärkte Innenwendung erst richtig bewußt geworden. Häufig ist es jedoch eine Art Vorbote des sich entwickelnden Wärmegefühls. Das Autogene Training beginnt bereits zu wirken.

Kribbeln ist meist ein Vorbote des Wärmegefühls.

? Der Arm fühlt sich geschwollen oder taub, manchmal auch wie abgestorben oder amputiert an.

Keine Angst, dieses Gefühl wird sich durch das Zurücknehmen und intensive Bewegung schnell lösen. Es handelt sich hier um eine Art vegetativer Fehlregulation, die besonders bei leicht beeinflußbaren Menschen vorkommt. Behalten Sie stur Ihre Formeln bei. Nach einigen Tagen werden sich zunehmend Schwere- und Wärmeempfindung entwickeln und damit die anderen Gefühle abbauen.

? Ich habe Schwierigkeiten mich fallenzulassen oder ganz loszulassen.

Der Auslöser dieses Problems liegt in der Tiefe des Unbewußten. In der Oberstufe werden Ihnen innere Bilder helfen, dieses Problem zu erkennen und aufzulösen. In der jetzigen Situation ist es hilfreich, mit einem Fahrstuhl oder einer Rolltreppe abwärts zu fahren und sich die Wahrnehmungen dabei deutlich einzuprägen. Bereiten Sie sich darauf am besten mit der »Tabelle der Ergänzungswahrnehmungen« vor. Dieses Gefühl und das bildhafte Erleben können Sie dann in Ihre Schwereübung mit einbeziehen. Auch die Vorstellung, eine lange sichere Treppe hinunter zu gehen, ist für viele hilfreich.

Wenn Sie Angst vor Fahrstühlen und Treppen haben, helfen Sie sich vorerst mit dem Gefühl des Schwingens in einer Hängematte oder Hollywoodschaukel. Später sollten Sie dieses Problem mit den entsprechenden Übungen aus der Oberstufe des Autogenen Trainings angehen.

? *Warum darf ich mir nicht »Arme schwer, Beine schwer oder ganzer Körper schwer« suggerieren?*

Sie dürfen auch eigene Formeln entwickeln, solange sie dem Prinzip des Autogenen Trainings entsprechen.

Natürlich dürfen Sie das, es wird deshalb nichts Gefährliches geschehen. Ich schließe mich jedoch der Beobachtung von *Johannes Schultz* an, daß bei der alleinigen Konzentrationen auf den Arm das Schwere- und Wärmegefühl in diesem Arm früher und deutlicher auftritt, als wenn wir förmlich unsere Kräfte auf beide Arme splitten. Wenn Sie bei einem Arm bleiben, ist es besonders interessant, das sich zunehmend entwickelnde Gefühl der Generalisation zu spüren. Nach einiger Zeit fühlt man förmlich, wie die Schwere und später die Wärme vom dominanten Arm oder Bein in die übrigen Körperbereiche fließt. Daran können wir erkennen, daß unser Körper die von uns durch Suggestion eingeleitete Reaktion aufgreift und fortführt. Dies ist zugleich auch eine Art Wirkungskontrolle. Suggerieren wir hingegen Schwere und Wärme in allen Körperteilen, fehlt uns diese Kommunikation mit unserem Körper.

Selbstverständlich dürfen wir derartige Überlegungen nicht überbewerten. Wenn Sie Ihre eigenen Formeln – auf der Basis der vorgegebenen – entwickeln, konsequent beibehalten und nicht wieder verändern, werden Sie vielleicht sogar damit leichter vorankommen. Probieren geht über studieren, vorausgesetzt das Prinzip ist klar.

? *Soll ich zur Wärmeübung übergehen, auch wenn ich noch keine Schwere spüre?*

Wenn Sie eine Woche lang wirklich regelmäßig dreimal täglich unter günstigen Voraussetzungen geübt haben, dann sollten Sie zur Wärmeübung übergehen. Es kommt immer wieder vor, daß jemand Schwierigkeiten mit der Schwereübung hat, mit der Wärmeübung jedoch gut zurecht kommt. Häufig entwickelt sich das Schweregefühl erst während der Wärmeübung.

Manchmal stellt sich das Schweregefühl erst mit der Wärmeübung ein.

Selbst *Johannes Schultz* stellte in der Einzelbehandlung häufig die Übungsabfolge unter dem Motto »Jene Übungen, die dem Einzelnen am leichtesten fallen, zuerst und dann die Schwierigeren« zusammen. Ist einmal die Entscheidung für eine Übungsabfolge getroffen, muß sie jedoch beibehalten werden, auch wenn Sie meinen, jetzt noch eine bessere Lösung gefunden zu haben. Letztendlich führt nur das konsequente, regelmäßige und unverändert beibehaltene Programm zum Erfolg.

? *Ich spüre keine Generalisation der Empfindungen auf den gegenüberliegenden Arm oder gar die Beine.*

In der ersten Woche wäre dies auch noch zuviel verlangt. Die Generalisation stellt sich meistens ab der dritten oder vierten Woche ein und nimmt dann ständig zu. Es ist ein faszinierendes Gefühl, zu beobachten, wie der Körper selbsttätig den von uns angebahnten Ruheimpuls annimmt und verstärkt. Daran erkennen wir, daß es sich nicht um einen übergestülpten Selbsthypnoseeffekt, sondern um eine dem Körper angenehme, vegetative Umschaltung handelt.

Die Generalisation beginnt meist erst ab der dritten Übungswoche.

Sie dürfen selbstverständlich Übungsformeln einsetzen, die mehrere Körperteile gleichzeitig beeinflussen. Nicht auf jeden trifft die Erfahrung von Johannes Schultz zu, daß die Konzentration auf einen kleineren Körperabschnitt anfänglich leichter zu erlernen ist. Zudem gehen die meisten nicht ganz ohne Vorerfahrung an derartige Übungen heran, bringen also bereits eine gewisse körperliche Reaktionsbereitschaft mit.

Viel wichtiger ist es, die einmal ausgewählte Übungsformel konsequent beizubehalten und sie zunehmend so zu verkürzen, daß der Aussagegehalt gewahrt bleibt.

Probleme mit der Wärmeübung

? *Ich kann die Wärme nicht fühlen.*

Die Wärmeempfindung kann sich erst einstellen, wenn die Arm- und Nackenmuskeln ausreichend entspannt sind. Ist diese Muskulatur noch verspannt, so werden die zum Arm führenden Blutgefäße eingeengt; die Versorgung mit Blut und damit auch mit Wärme ist behindert. Legen Sie während des Übens eine Wärmflasche in den Nacken; auch eine Nackenmassage hilft meistens.

Eine Wärmflasche oder die Erinnerung an ein warmes Bad unterstützt die Wärmeempfindung.

Auch wenn sich Ihre Hände eiskalt anfühlen, sind sie doch noch um die 20 °C warm. Könnten Sie die Suggestion »rechter/linker Arm warm, immer wärmer« unter dieser Voraussetzung tolerieren? Besonders hilfreich ist auch hier wieder die geübte Erinnerung an entsprechende Körperempfindungen. Tauchen Sie Ihre Arme in angenehm warmes Wasser im Waschbecken. Nehmen Sie anschließend die Arme heraus und machen Sie sich das Gefühl wieder bewußt. Mehrmals wiederholt, entwickelt sich eine Gefühlserinnerung, die Sie ins Autogene Training einbeziehen können.

Eventuell fällt Ihnen aber der Einstig über die Atem- und Schulterübung leichter. Vielen Anfängern hat diese Vorübung geholfen, zum Autogenen Training zu finden (siehe Seite 102).

Es ist allerdings schwierig, bereits aus den Übungserfahrungen der zweiten Woche schließen zu wollen, daß man es vermutlich auf dem linearen Weg zum Autogenen Training nicht schafft. Wenn Sie nicht bereits Negativerfahrungen mit dem Autogenen Training gemacht haben, empfehle ich, konsequent und ohne Erwartungen täglich dreimal fünf Minuten zu opfern.

Meist lösen sich derartige Probleme in der dritten oder vierten Woche. Sowohl Atem- als auch Herz- und Bauchwärmeübung bewirken nebenbei ein verstärktes Wärmeempfinden in den Armen und Beinen.

Ein sinnvoller Versuch kann die Zwischenschaltung der Schulterübung in der dritten Woche sein (siehe auch Seite 95ff.). Dann dauert der Start ins Autogene Training eben eine Woche länger.

?*Während des Übens nehmen meine Schmerzen in den Schultern zu.*

Wenn Sie an Rheuma, Neuralgien oder entzündlichen Prozessen leiden, nehmen die damit verbundenen Schmerzen während des Übens manchmal zu. Dies beruht auf dem vertieften Körperbewußtsein und der besseren Durchblutung. Die Beurteilung dieser Situation ist schwierig, weil die vermehrte Durchblutung natürlich auch eine beschleunigte Ausheilung bedeuten kann. Da zumindest rheumatische Prozesse auch eine autoaggressive Komponente haben können, die auf der Fehlsteuerung des Immunsystems beruht, verstärkt die vermehrte Durchblutung eventuell diesen ungünstigen Prozeß.

Meist hat es sich bewährt, die Übungszeit so einzurichten, daß die Hauptwirkzeit der verordneten Antirheumatika in den Übungszeitraum fällt. So können die Medikamente noch intensiver wirken. In vielen Fällen hilft es auch, die Wärme gezielt nur in den Bereich zu lenken, in dem keine Schmerzen erwartet werden (bei Schulterschmerzen etwa nur in die Hände). Dagegen setzt die Vorstellung von Kühle in den Schultern und Wärme in den Händen lange Übungserfahrung voraus. Der parallele Einsatz von Kühlpackungen scheint ebenfalls nicht so günstig zu sein, da meist nach dem Üben ein regelrechter Wärmeschub erfolgt. Die Erfahrung hat jedoch gezeigt: Auch wenn Sie die Wärmeübungen in den Armen überspringen, werden diese im Übungsablauf trotzdem warm.

Lenken Sie die Wärme gezielt in den Körperbereich, in dem keine Schmerzen auftreten.

Wenn Ihre Schmerzen innerhalb der maximal sechs Minuten Übungszeit wirklich zu einem Problem werden sollten und Sie nicht einfach darüber hinwegfühlen können, empfiehlt es sich, die Wärmeübung zu überspringen. Sicher ist es sinnvoll, sich in diesem Fall einen erfahrenen Therapeuten zu suchen. Generell ist aber in einer derartigen Reaktion die Bereitschaft des Körpers zur Heilung zu sehen. Insgesamt ist es nur natürlich, daß das individuelle Vorgehen mit geeigneten Vorstellungsbildern und Suggestionen Erfahrung erfordert.

Ich spüre die Wärme immer erst nach dem Üben.

Besonders bei Anfängern ist es normal, daß die erwünschten Reaktionen häufig erst nach 30 Minuten oder gar erst mehreren Stunden auftreten.

Die Wärme tritt zu früh auf.

Zuerst muß an sich immer erst die Armschwere eingetreten sein, ehe sich eine deutliche Wärme spüren läßt. Trotzdem gibt es Fälle, in denen ein Wärmeempfinden eintritt, bevor die Schwere deutlich wird. Lassen Sie sich davon nicht irritieren und halten Sie den Formelablauf und Aufbau von Woche zu Woche exakt bei.

Die Wärmeempfindung ist mir unangenehm. Wenn es um mich herum warm ist, würde ich mir lieber »Kühle« suggerieren.

Im Sommer, in überheizten Übungsräumen oder bei Teilnehmerinnen im Klimakterium kann es schon einmal zu Schweißausbrüchen kommen. Dazu müssen wir uns wieder bewußt machen, daß vermehrte Schweißbildung ein Zeichen vermehrter parasympathischer Aktivität ist (siehe Tabelle »Wirkungen von Sympathikus und Parasympathikus« Seite 31). Wir haben es folglich mit einer Nebenwirkung des Autogenen Trainings zu tun.

Physiologisch gesehen führt die Steigerung der Hauttemperatur und auch das Schwitzen zu einer vermehrten Wärmeabgabe an die Umgebungsluft. Es kann uns nur kühler werden. Sind wir uns über diesen Zusammenhang im klaren, so läßt das scheinbar Unangenehme der Wärmeempfindung meist nach. Zusätzlich können wir die unterstützende bildhafte Vorstellung mehr auf das Bild des Wärmeabstrahlens verlegen, die Formel jedoch beibehalten. Andernfalls empfiehlt sich die Formel »rechter/linker Arm angenehm warm«. Die Suggestion »angenehm kühl« sollte in bezug auf die Arme aber erst dann eingesetzt werden, wenn das Autogene Training sicher beherrscht wird.

Verlegen Sie die bildhafte Vorstellung auf das Bild: »Wärme abstrahlen«.

Probleme mit der Atem- und Herzübung

Verunsichernde Reaktionen auf die Atem- oder Herzübung sind häufig miteinander verknüpft; sie werden deshalb gemeinsam behandelt.

Wenn ich mich auf meinen Atem konzentriere, bekomme ich ein unangenehm einschnürendes Gefühl um den Brustkorb, manchmal schlägt mein Herz dann auch ungewohnt langsam und fest. Konzentriere ich mich auf mein Herz, so beginnt es zu rasen oder zu stolpern.

Unangenehme Gefühle im Brustraum müssen nicht unbedingt vom Herzen oder der Lunge ausgehen, sie können auch durch nervliche Irritationen an der Wirbelsäule ausgelöst werden. Häufig nehmen sie mit zunehmender Muskelentspannung ab. Manchmal hilft es auch, sich etwas anders hinzulegen oder zu setzen, um damit die Wirbelsäule in eine günstigere Stellung zu bringen.

Wenn Sie die Enge isoliert um das Herz spüren oder zu Bronchialkrämpfen neigen, hilft ein ansteigendes warmes Armbad vor dem Üben – vorausgesetzt, aus der Sicht Ihres Arztes steht dem nichts entgegen. Das Bad weitet reflektorisch die Bronchien und Herzkranzgefäße. Die Formeln im Sinne von »Atem ganz weit«, »Herz ganz weit« oder »Es wird mir leicht ums Herz« haben sich in derartigen Fällen bewährt.

Unzweifelhaft ist das Herz jenes Organ unseres Körpers, an dem sich emotionale Vorgänge am häufigsten und intensivsten widerspiegeln. Atem und Herzschlag werden normalerweise vom vegetativen (autonomen) Nervensystem gesteuert. Autonom bedeutet soviel wie unabhängig, selbständig, nach eigenen Gesetzmäßigkeiten ablaufend. Dieser Name entstand, als die Medizin noch der Ansicht war, daß die Funktionen des autonomen Nervensystems überhaupt nicht willentlich beeinflußbar seien. Mit der Erforschung des Autogenen Trainings wurde die Bedeutung des Wortes »autonom« in bezug auf das Nervensystem relativiert.

Beobachten Sie Herz- und Atemfunktion völlig passiv.

Obwohl wir die Atem- und Herzfunktionen nicht manipulieren, sondern nur beobachten wollen, wird dies manchmal vom Körper bereits als »unrechtmäßiger« Eingriff empfunden. Als Folge können viele mehr oder weniger unangenehme Reaktionen auftreten, von denen aber keine gefährlich ist. Wichtig ist, unsere Einstellung dazu zu ändern, denn meistens liegt der »Fehler« bei uns. Wir gehen mit der Vorstellung, etwas verändern oder beeinflussen zu wollen, an diese autonomen Funktionen heran. Dabei sollten wir doch an sich nur beobachten, bewußter wahrnehmen und durch unsere Formel das Günstige verstärken.

Deshalb sind auch Formeln im Sinne von »Ich atme ruhig« ungünstig, da dies einem aktiven Eingreifen entspricht. Auch aktuelle oder zurückliegende Herzprobleme können die Angst vor einem zusätzlichen Problem wachrufen. Hier ist immer Rücksprache mit dem Arzt erforderlich! Versuchen Sie jedoch, möglichst nicht vor dieser Angst zu fliehen. Wenn man vor einer Angst flieht, wird sie meist größer! Verkürzen Sie die Formel auf einmaliges Aussprechen und steigern Sie die Wiederholungen erst zu dem Zeitpunkt wieder, wenn sich das Problem abgebaut hat.

Gelegentlich hat *Johannes Schultz* Übungen vorweggenommen, die allgemein als leichter empfunden wurden, und die anderen hinten angehängt. Wir haben dies bereits getan, indem wir die Atemübung an die ursprüngliche Stelle der Herzübung vorverlegten. Dies hat seinen Grund, weil bei der Herzübung am häufigsten Probleme auftauchen. Letztendlich bleibt es Ihnen überlassen, wo Sie die Herzübung eingliedern.

Sie können sich zum Beispiel damit helfen, auf einen leichten Widerstand wie »pfff« auszuatmen. Das verlängert die Ausatmung und bewirkt häufig eine Beruhigung der Atmung und der Herzfrequenz. Auch wenn es sich anbietet, sollten Sie auf keinen Fall das Herz langsamer schlagen lassen wollen. Wenn Sie die nicht dominante Hand in die Herzgegend legen, wirkt sich dies meist sehr harmonisierend aus. Im Liegen können Sie den Ellbogen durch ein Kissen unterstützen.

Verlängertes Ausatmen beruhigt die Herzfrequenz.

Ich habe Angst, daß mein Herz zu langsam wird.

Jedes Herz hat einen Schutzmechanismus, die sogenannte Kammereigenfrequenz. Dies sind Impulse, die im Herzen selbst gebildet werden und sich nicht vom autonomen Nervensystem beeinflussen lassen. Dadurch ist sichergestellt, daß Ihr Herz nicht stehenbleiben kann. Beim Autogenen Training wird die Herzfrequenz niemals niedriger als im Schlaf sein.

Tip

Wer beim Autogenen Training unangenehme Gefühle mit dem Herz erlebt, sollte Formeln wie »Herz schlägt ganz ruhig« oder »Herz schlägt ruhig und kräftig« nicht einsetzen.

Ich kann mein Herz nicht spüren.

Man kann davon ausgehen, daß ein gesunder und seelisch ausgeglichener Mensch sein Herz nicht spürt. Es schadet jedoch nicht, wenn wir auch für diesen Bereich Sensibilität entwickeln. Wenn jemand nach dem Herzinfarkt sagt, er habe noch nie etwas von seinem Herzen gespürt, so zeigt dies nur, wie wenig Zuwendung er seinem wichtigsten Organ gewidmet hat.

Tauchen Sie einmal in der Badewanne soweit unter, daß die Nase zum Luftholen frei bleibt, Ihre Ohren jedoch ganz unter Wasser sind. So können Sie das Strömen des Pulses in den Ohren hören und eine förmlich meditative Beziehung zu Ihrem Herzen aufbauen. Wem das zu intensiv ist, der sollte lernen, seinen Puls zu fühlen oder auch einfach sanft die Hand auf die Herzgegend legen. Die Formeln »Herz ganz warm« oder »Es wird mir warm ums Herz« helfen auch, das Empfinden für das Herz zu verstärken.

Vorsicht

> Bei schweren Atem- und Herzstörungen ist es günstiger, die Atem- und Herzübung auszulassen.

Probleme mit der Sonnengeflechtsübung

? *Wenn ich mich auf meinen Magen konzentriere, wird mir leicht übel; außerdem machen Magen und Darm störende Geräusche. Wärme kann ich nicht empfinden.*

Eine erhöhte Aktivität im Verdauungsbereich gehört zu den Aufgaben des Parasympathikus (siehe auch Seite 31) – eine durchaus praktische Nebenwirkung, wenn auch manchmal etwas lästig.

Tun Sie einfach einmal so, als ob Sie gar nichts wollten. Legen Sie eine oder beide Hände bequem auf den Bauch und genießen Sie, wie Ihr Atem sanft die Hände hebt und senkt. Vielleicht spüren Sie sogar, wie eine milde Wärme von Ihrer Hand abstrahlt. Alles andere wird sich von allein einstellen. Im Liegen können Sie die Ellbogen durch ein Kissen unterstützen. Manchem hilft eine Wärmflasche, die man für eine gewisse Zeit auf den Bauch legt. Anderen wiederum fällt es dann noch schwerer, ohne die Wärmflasche Wärme zu empfinden. Probieren Sie es einfach aus.

? *Ich komme mit der Formel »Sonnengeflecht strömend warm« nicht zurecht. Ich kann mir beim besten Willen nichts darunter vorstellen.*

In diesem Fall verwenden Sie bitte einfach die Formel:

»Mein Bauch wird warm.«

Probleme mit der Kopfübung

? *Ich bekomme Kopfschmerzen oder gar Schwindelanfälle, wenn ich mich auf die Stirn konzentriere. Kühle kann ich nicht empfinden, oft wird mir im Kopf ganz heiß, wenn ich mich auf die Stirn konzentriere.*

Das hört sich wieder sehr nach Wollen bzw. sein Bestes geben an. Versuchen Sie, mit der Stirn zu erspüren, ob irgendwo ein Luftzug ist. Manchmal wirkt die Suggestion »Stirn angenehm warm« besser – vor allem, wenn man unter niedrigem Blutdruck leidet und zu wenig Blut im Kopf hat.

Vorsicht

Die Suggestion »Stirn kalt« oder »Stirn eiskalt« sollten Sie auf jeden Fall vermeiden, weil dadurch Gefäßkrämpfe ausgelöst werden können!

Denken Sie vor allem auch an das Lächeln mit Gesicht und Augen, denn dadurch »fällt« der Streß aus dem Gesicht ab, die Muskulatur der Augen und der Wangen wird gelockert, und die Entspannung gelingt.

Probleme nach dem Autogenen Training

Ich kann abends nach dem Autogenen Training nicht einschlafen.

Schalten Sie die Suggestion »Nach dem Autogenen Training schlafe ich entspannt ein und wache um ... Uhr wieder hellwach und frisch auf« im Wechsel mit der Ruhetönung ein. Stellen Sie sich vor, Ihr Bett wäre eine Hollywoodschaukel, in der Sie sanft hin und her schwingen.

Mir ist nach dem Autogenen Training immer so schwindelig.

Vermutlich haben Sie einen niedrigen Blutdruck, der nun zusätzlich abgesunken ist. Hinlegen und die Beine auf einen Stuhl oder an der Wand hoch legen. Tief durchatmen, alle Muskeln fest anspannen. Langsam hochkommen oder aufstehen. Auf keinen Fall einfach loslaufen.

Nach der Übung bin ich immer so traurig und depressiv.

Durch das Autogene Training wird die Beziehung zu unserem Körper intensiver, und manches ins Unterbewußtsein Verdrängte taucht wieder auf. Gerade deshalb sollten Sie derartige Gefühle annehmen und erlauben. Schämen Sie sich auch nicht, wenn Sie Autogenes Training in der Gruppe üben, denn jeder wird Verständnis haben, wenn ein Gruppenmitglied in Tränen ausbricht. Geschieht dies aber regelmäßig, wäre es günstig, einen Fachmann zu Rate zu ziehen. Häufiger passiert jedoch das Gegenteil: Es bahnt sich eine positive Änderung im Körpergeschehen an, und man ist nach dem Autogenen Training besonders gut drauf und fröhlich.

Ergänzende Übungen nach Johannes Schultz

Die Schulterübung

Der Schultergürtel ist jener Bereich unseres Körpers, in dem sich akute Streßsituationen am deutlichsten widerspiegeln. Die Muskulatur reagiert mit einer Daueranspannung, die auf Wirbelsäule, Schultergelenke, Rippen und Brustbein einen enormen Druck ausübt: Es kommt zu Schmerzen und letztendlich zu einer dauerhaften Schädigung. Die verspannte Schultermuskulatur engt zudem die in die Arme und den Kopf führenden Blutgefäße ein, so daß die Blutversorgung dieser Bereiche anhaltend gestört ist. Laut der Weltgesundheitsorganisation leiden daran 92 % aller in den Industrienationen lebenden Menschen – in unterschiedlicher Intensität.

Unter derartigen Umständen ist die Entwicklung eines Schwere- und Wärmegefühls in den Armen verständlicherweise erschwert. Ein interessanter Versuch zeigt die reflektorische Bedeutung des Nackenbereiches für den ganzen Oberkörper: Reibt man mit einem Eiswürfel einen beliebigen Körperbereich außerhalb des Nackens ab, so kommt es zu einer örtlich begrenzten Kältereaktion in Form einer »Gänsehaut«. Macht man den gleichen Versuch im Nackenbereich, so tritt die Gänsehaut am gesamten Oberkörper auf.

Johannes Schultz baute deshalb die äußerst wirkungsvolle Entspannung des Schulter-Nacken-Feldes meist vor der Kopfübung ein. In unserem modifizierten Entspannungskonzept hat sich jedoch gezeigt, daß sie ihre günstige Wirkung an zweiter Stelle am besten entfaltet.

Streß wirkt sich besonders auf die Muskeln im Bereich des Schultergürtels aus.

Die bewährtesten Formeln lauten:

»Schulter und Nacken warm und weich.«

oder

»Schulter und Nacken ganz warm, ganz weich.«

Als Symbol und verstärkendes Vorstellungsbild hat sich ein weich gekneteter Teig bewährt. Stellen Sie sich vor, Ihr Nacken wäre ein weicher Teig. Wer dieses Gefühl noch nicht kennt, sollte zum Beispiel einmal Brot backen.

Die Vorstellung einer warmen Dusche entspannt Schultern und Nacken.

Die Vorstellung, unter einer warmen Dauerdusche zu stehen, ist ebenfalls hilfreich. Auch hilft der Trick, sich in eine angenehme Massage hineinzu-fühlen und dieses Gefühl in der Erin-nerung zu wiederholen. Dies ist einer der wenigen Fälle, in denen man dankbar sein kann, wenn der Masseur während der Behandlung mehrmals weggerufen wird; so hat man Zeit, sich in das Gefühl erinnernd zu vertiefen.

Eine intensivere Beziehung bekom-men Sie zu Ihrem Nacken, wenn Sie beim Liegen auf dem Boden zwischen den Nacken und die feste Unterlage einen Tennisball legen. Durch langsa-mes Hin- und Herbewegen verschie-ben Sie den Tennisball auf die unterschiedlichen Nacken- und Schulterbereiche. Sehr deutlich zeigt sich dabei der jeweilige Verspannungszustand der Muskulatur durch eine variierende Schmerzempfindlichkeit. Die Schulterübung hat sich auch als Einzelübung, nach einer gewissen Einübungszeit, bestens be-währt.

Übungsablauf der Schulterübung als isolierte Übung

1. Denken Sie:

   »Ich bin ganz ruhig.«

2. Denken Sie sechsmal:

   »Schulter und Nacken ganz warm, ganz weich.«

Bauen Sie Vorstellungsbild und Gefühl des Weich-geknetet-Werdens auf und verstärken Sie es mit jeder der sechs Formel-wiederholungen Schub für Schub.

3. Denken Sie:

   »Ich bin ganz ruhig.«

4. Denken Sie sechsmal:

   »Arme schwer.«

5. Denken Sie sechsmal:

   »Schulter und Nacken ganz warm, ganz weich.«

6. Denken Sie:

   »Ich bin ganz ruhig.«

7. Zurücknehmen mit:

   »Arme fest, tief atmen, Augen auf.«

Diese Übung dauert normalerweise zwei Minuten.

Die Entspannung des Gesichts

Im Gesicht spiegeln sich Gefühle, Stimmungen und Wünsche am deutlichsten wider. Unruhe, Gereiztheit, Ärger, Zorn, Gier, Angst, Unsicherheit, Scheu, Unentschlossenheit, Besorgtheit oder Verlegenheit lassen sich aus unserer Mimik ebenso herauslesen wie Ausgeglichenheit, Ruhe, Freundlichkeit, Heiterkeit, Zuwendung, Sicherheit, Wohlwollen und Behagen. Das Gesicht ist ein Spiegel der Seele, es kann jedoch auch zur Maske mißbraucht werden.

Das Gesicht spiegelt unsere Gefühle am deutlichsten wider.

Wie bei allen Übungen des Autogenen Trainings nutzen wir auch hier den Reflexbogen in umgekehrter Weise. Die Hektik unseres Innenlebens drückt sich in Muskelanspannungen aus. Über bewußte Muskelentspannung projizieren wir Entspannung nach innen. Die zusammengebissenen Zähne, die Zunge, die wie Blei im Mund liegt, die in Falten gezogene Stirn, die starren Augen: Die Zeichen der Anspannung im Gesicht sind leicht zu erkennen, und genau hier muß unser Entspannungsimpuls ansetzen.

Bitte überlegen Sie selbst einmal, wie die für Sie geeigneten Formeln gestaltet werden müßten. Hier unser Vorschlag:

- »Kiefer hängt angenehm schwer«
- »Lippen und Zunge gelöst«
- »Wangen, Stirn und Schläfen entspannt«
- »Augen müde und schwer«
- »Lächeln«

Das Symbol des lächelnden Gesichts vermittelt uns zugleich Bild und Gefühl für diese Formel. Bereits nach einigen Übungen wird allein die Formel »Lächeln« die mit den obigen Formeln trainierten Reaktionen zusammenfassend auslösen.

Tip

Wenn Sie in Richtung Nasenwurzel blicken, kann dies die Entspannung erleichtern. Probieren Sie aus, ob es Ihnen eine Hilfe ist, und bauen Sie es gegebenenfalls in diese Übung mit ein.

Der Blick auf die geschlossenen Augenlider gibt einen diagnostischen Hinweis. Häufig werden Farbflecken, Schatten oder Blitze gesehen. Je unruhiger diese Erscheinungen sind, um so unruhiger ist auch der innere Zustand. Nimmt die Entspannung zu, so taucht zunehmend eine gleichmäßige Schwärze auf. Natürlich darf der Blick nicht auf eine Lichtquelle gerichtet sein, deshalb ist ein dunkler oder abgedunkelter Raum für diese Übung günstig.

Die Kurzform: Autogenes Training für Profis

Durch regelmäßiges Üben schleifen sich die Reflexbahnen zunehmend ein, unser Körper reagiert immer besser und schneller. Johannes Schultz empfiehlt für diesen Zeitpunkt, die Formeln durch Weglassen von Pronomen, Verben und Seitenbezeichnungen zu verdichten. Dies gilt für alle Formeln, mit denen Sie, auch während der Oberstufe, arbeiten. Den richtigen Zeitpunkt für den Einsatz der verkürzten Formeln erkennen Sie daran, daß die Generalisierung deutlich spürbar wird –

zum Beispiel wenn Sie beim Denken der Formeln für Schwere und Wärme schon automatisch Schwere und Wärme im ganzen Körper mühelos spüren.

Die Praxis der Kurzübung

- »Ruhe« (während der Einatmung, gleichzeitig Aufbau des Schweresymbols und des Schwereempfindens im Arm und im übrigen Körper)
- »Schwere« (während der Ausatmung)
- »Ruhe« (während der Einatmung, gleichzeitig Aufbau des Wärmesymbols und der Wärmeempfindung in Armen und Beinen)
- »Wärme« (während der Ausatmung)
- »Ruhe« (während der Einatmung, gleichzeitig Wärme-empfinden im Herz- und Bauchraum aufbauen)
- »Herz und Bauch warm« (während der Ausatmung)
- »Ruhe« (während der Einatmung, Lächeln und Aufbau des Kühleempfindens an der Stirn)
- »Stirn kühl« (während der Ausatmung)
- »Arme fest, Atem tief, Augen auf«

Nachdem Ihr Körper es inzwischen gewohnt ist, vom Denken aus gesteuert zu werden, wirkt dieses direkte Eingreifen in den Atem zusätzlich beruhigend. Lassen Sie sich Zeit. Verlängern Sie die Atemzüge so, wie es Ihnen angenehm erscheint. Es darf keine Hektik aufkommen!

Die anfänglich eingesetzten, unterstützenden Erinnerungen, zum Beispiel Erschöpfung nach einer Bergtour, am Strand liegen und die Wärme spüren, die Meereswogen, die gleichmäßig arbeitende Pumpe, die schlängelnde warme Quelle im Bauch oder der Ventilator vor der Stirn, werden nun nicht mehr benötigt. Lediglich die Symbole bleiben, wie zum Beispiel ein (herabsinkendes) Gewichtsstück, Sonnenstrahlen (die über Arme und Beine streifen), eine (pulsierende) Sonne im Bauchraum, die Herz und Verdauungstrakt bis hin zu den Organen des Beckens erwärmt, die (sich drehenden) stilisierten Propeller des Ventilators.

Je nachdem, wieviel Zeit Ihnen zur Verfügung steht, denken Sie die Formeln und sehen dabei die sich bewegenden Symbole oder bauen nur das Bild der sich bewegenden Symbole vor Ihrem inneren Auge auf. Die kürzeste Form ist das alleinige Denken der unbewegten Symbole – Gewicht, Sonnenstrahlen, pulsierende Sonne, Ventilatorflügel. Dies wird eingeleitet mit »Ich bin ganz ruhig« bei der Einatmung und dem Ablauf der Symbolvorstellungen während der verlängerten Ausatmung. Die Geschwindigkeit des Übungsablaufs hängt nur noch davon ab, wie schnell sich die körperlichen Gefühle der Schwere, Wärme und Kühle entwickeln; denn dies bestimmt, wann Sie gedanklich zum nächsten Symbol übergehen. So lange ein Ausatemzug dafür noch zu kurz ist, sollten Sie bei den vorangegangenen Übungen bleiben.

Diese Übungen sind immer nur eine – wenn auch für viele hilfreiche – Notlösung. Um die Reflexbahnen des Autogenen Trainings in uns zu festigen, bedarf es immer wieder der Normalform unter günstigen äußeren Umständen. Ich habe ja bereits erwähnt, daß jede unter schlechten Bedingungen durchgeführte Übung das Unruhegefühl mit in das Erinnerungsempfinden hinein verankert. Im ungünstigsten Fall taucht das nicht gänzlich überwundene, hektische Gefühl der letzten Übung bei der darauf folgenden Übung unterschwellig mit auf. Führt auch diese Übung zu keiner richtigen inneren Ruhe, so verstärkt sich dies immer weiter.

Die Kurzübungen sind nur eine Notlösung. Üben Sie immer wieder die Normalform unter günstigen Umständen.

Wenn Ihnen häufig nur Sekunden zum Entspannen zur Verfügung stehen, versuchen Sie doch einmal, ob Sie nicht mit dem alleinigen Üben der Schulter- oder Gesichtsübung eine günstigere Entspannung erreichen. Dabei hilft es, die zu erwartende Streßsituation unter günstigen Entspannungsvoraussetzungen vorzuleben (siehe auch Seite 111ff.).

In den seltenen Fällen, wo dieses direkte Eingreifen in den

Atem als belastend empfunden wird, sollten Sie den Atem einfach außer Acht lassen. Denken und fühlen Sie den Programmablauf dann ohne Atembezug in einem Ihnen angenehmen Tempo.

Vereinfachte Einstiegswege

Der Einstieg über den Atem

Wie Sie wissen, vollzieht das Autogene Training die körperlichen Erfahrungen, die beim Hypnotisieren auftreten, nach. *Johannes Schultz* war ursprünglich der Meinung, Schwere und Wärme seien die am leichtesten nachzuvollziehenden Empfindungen. Er stand jedoch den praktischen Erfahrungen seiner Schüler sehr offen gegenüber, so daß er in den letzten Jahren nichts dagegen hatte, wenn man das Autogene Training über den Atem einleitete. Ein rhythmischer Atem »massiert« sowohl das Herz als auch die Bauchorgane in beruhigender Weise. Ein ruhiger und gleichmäßiger, möglichst tiefer Atem ist dabei am wirkungsvollsten.

Es spricht nichts dagegen, das Autogene Training über die Atemübung einzuleiten.

Diese Erfahrung führte dazu, daß bei den meisten Entspannungs- und Meditationstechniken der Einstieg über die Atmung erfolgt. Dabei stehen zwei Wege zu Verfügung. Entweder wird versucht, den Atem durch Kontrolle in Form von Mitzählen während der Ein- und Ausatmung zu steuern. Konnte man bei der Einatmung zum Beispiel bis 7 zählen, so wird beim nächsten Atemzug bis 8 gezählt. Oder man wählt den Weg über die Ausatmung. Dabei wird immer darauf geachtet, daß der Ausatemzyklus etwas länger ist.

Auf diesem Schema bauen dann unterschiedliche »Wunderatemübungen« auf, wie zum Beispiel die sogenannte 7-zu-11-Atmung«, bei der siebenmal ein- und elfmal ausgeatmet wird. Nach dem Einatmen und nach dem Ausatmen folgt jeweils eine Pause, in der bis drei gezählt wird (Formel: 7–3–11–3). Derartige Übungen sollte man in ihrer Wirkung jedoch nicht überbewerten.

Die hier empfohlene Atemübung ist darauf ausgerichtet, die Atmung zu vertiefen und die Atemfrequenz zu reduzieren. Sie erreicht dies jedoch auf indirektem Weg über die Atembeobachtung.

Auf der Suche nach jenem Augenblick, in dem die Einatmung in die Ausatmung und die Ausatmung wiederum in die Einatmung übergeht, beobachten Sie Ihren Atem, ohne irgend etwas verändern zu wollen; einfach nur dabeisein. Dadurch kommt es langsam, aber zunehmend zu einer Atemvertiefung, die sich ganz frei und ohne Zwang entwickelt. Die Vorstellung eines im Atemrhythmus hin und her schwingenden Pendels verstärkt dabei die

Stellen Sie sich ein frei schwingendes Pendel vor, um die Atemwahrnehmung zu verstärken.

Atemwahrnehmung. Gleichzeitig legen Sie eine oder beide Hände auf den Bauch, um das Heben und Senken des Bauchraumes mit der Atmung zu spüren. So sinken Sie ganz in die Wahrnehmung Ihres Atems und seiner Auswirkungen hinein. In Gedanken begleiten Sie diesen Prozeß durch das Denken von »Es atmet« bei der Einatmung und »mich« bei der Ausatmung.

Während Sie damit fortfahren, machen Sie sich zusätzlich die Anspannung der Atemmuskulatur im Brustraum bewußt. Einatmen ist eine aktive Arbeit dieser Muskulatur, Ausatmen dagegen nur ein Prozeß des Loslassens. Bei der Ausatmung zieht sich das zuvor gedehnte Gewebe wieder zusammen. Ein Empfinden von völliger Spannungslosigkeit und Schwere macht sich im Brustraum und zunehmend im ganzen Körper breit. Hat sich dieses Schwereempfinden zumindest angedeutet, so wechseln Sie die Formel zu »Mein Körper ist« bei der Einatmung, »ganz schwer« bei der Ausatmung. Das Schwereempfinden verstärkt sich erfahrungsgemäß zunehmend am ganzen Körper.

Sie entscheiden selbst, wann Sie zur dritten Formel übergehen wollen. Am günstigsten ist dies, wenn sich von einer oder von beiden Händen, die ja noch auf dem Bauch liegen, ein zunehmendes Wärmegefühl ausbreitet. Nun gehen Sie zur Formel »Mein Leib« bei der Einatmung, »strömt warm« bei der Ausatmung. Dabei ist Leib in doppeltem Sinn von Bauch und ganzem Körper gemeint. Wir unterstützen in unserer Vorstellung das Wärmeströmen über den Herz-, Lungen- und Schulterbereich hinaus bis in Arme und Beine. Nachdem man in der Anfangszeit jede der Formeln ca. zwölfmal wiederholt, läßt man sich mit zunehmender Beherrschung der Übung von dem Auftreten der jeweiligen Empfindung lenken.

Bei der Atemübung baut sich zunehmend innere Ruhe auf.

Interessant ist, wie sich bei dieser Übung zunehmend innere Ruhe aufbaut, ohne daß sie suggeriert wird. Vielen Kursteilnehmern hat dieser Weg zur Entspannung geholfen, das Autogene Training leichter zu erlernen. Im Hinblick auf die zu erreichende Entspannungstiefe ist diese Übung durchaus mit dem exakt ausgeübten Autogenen Training vergleichbar. Lediglich wenn es um ein besonders schnelles Entspannen geht, ist die als erstes geschilderte Kurzform des Autogenen Training allen anderen Techniken überlegen.

Die Praxis der Atementspannung

1. Legen oder setzen Sie sich bequem hin. Eine oder beide Hände ruhen auf dem Bauch, dort wo es am bequemsten ist. Während Sie die Augen schließen oder einen Punkt fixieren, beobachten Sie das Ein- und Ausströmen Ihres Atems. Spüren Sie, wie die Luft durch Nase, Rachen und Bronchien strömt. Ohne jede innere Beteiligung beobachten Sie einfach nur, zu welchem Zeitpunkt die Einatmung in die Ausatmung und die Ausatmung in die Einatmung übergeht. Einfach nur registrieren, nichts ändern wollen. Einfach nur dabeisein. Bei Einatmung »Es«, bei Ausatmung »atmet mich« denken.

2. Spüren Sie, wie sich der Atem ganz von allein beruhigt. Machen Sie sich die Anspannung bei der Einatmung und die

Entspannung bei der Ausatmung bewußt. Mit jeder Ausatmung lassen Sie sich etwas tiefer sinken, Schwere und Entspannung etwas mehr zunehmen. Bei Einatmung »Mein Körper«, bei Ausatmung »ist ganz schwer« denken.

3. Hat sich ein ausreichendes Schweregefühl entwickelt, so lenken Sie Ihr Bewußtsein auf Ihre Hände und die von ihnen ausgehende Wärme. Bei Einatmung »Mein Leib«, bei Ausatmung »strömt warm« denken. Dabei ist der ganze Körper gemeint. Inneres Bild der vom Bauchraum ausgehenden, den ganzen Körper durchströmenden Wärmewellen aufbauen. Erleben Sie, wie diese Wellen sich mit jedem Ausatmen wieder intensivieren, als ob man immer wieder einen neuen Stein ins Wasser geworfen hätte. Sie können den Wellen eine Farbe geben, die Ihnen angenehm ist. Während Rot, Gelb und Orange anregend wirken, geht von Grün, Blau und Lila zunehmend Ruhe aus.

4. Machen Sie sich noch einmal die Atemruhe, Körperschwere und Wärme bewußt und lösen Sie sich abschließend mit der bekannten Formel des Zurücknehmens: »Arme fest, Atem tief, Augen auf«.

Die abgewandelte Form der Progressiven Muskelentspannung

In Amerika hat die Progressive Muskelentspannung einen vergleichbaren Stellenwert wie das Autogene Training in Deutschland. Als Einstiegsverfahren zum leichteren Erlernen des Autogenen Trainings ist sie nicht so gut geeignet wie der zuvor geschilderte Einstieg über den Atem. Wer jedoch bereits mit dem Einstieg über den Atem Schwierigkeiten hat, kann diese Technik aufgreifen. Anschließend sollten Sie zur Entspannung über den Atem und dann zum Autogenen Training überwechseln. So können Sie stufenweise das erforderliche Körpergefühl entwickeln. Dieser dreistufige Weg wurde von vielen unserer Schüler mit Erfolg gegangen.

Die Progressive Muskelentspannung ist besonders für diejenigen geeignet, die beim Einstieg über den Atem Probleme haben.

Das Prinzip der Progressiven Muskelentspannung ist einfach. Bestimmte Muskelgruppen werden maximal angespannt. Das dabei auftretende Spannungsempfinden wird bewußt wahrgenommen, so daß es später wieder nacherlebt werden kann.

Im zweiten Schritt wird versucht, die Muskelanspannung gezielt zu steuern. 25 %, 50 %, 75 %, 100 % und 110 % als Ausdruck maximaler Anspannung sind die am häufigsten verwendeten Stufen. Hat sich für diese Spannungssteuerung ein ausreichendes Gefühl entwickelt, so beginnt die mentale Seite der Übungen. Ohne ein reales Anspannen der jeweiligen Muskeln baut man das Gefühl der maximalen Anspannung auf und ruft dann abnehmend die Empfindungen von 100 %, 75 % usw. in sich wach.

Nach einiger Übung läßt sich das Nachlassen muskulärer Anspannung durch Messung der Muskelaktionsströme eindeutig nachweisen. Es wird jedoch keine dem Autogen Training vergleichbare Entspannung erreicht, weil lediglich die Muskulatur angesprochen wird und eine Generalisation nur sehr begrenzt auftritt.

Wichtig

Während die Progressive Muskelentspannung in ihrer ursprünglichen Form überwiegend mit der Beugemuskulatur des Körpers arbeitet, verwenden wir eine – aufgrund neuester neurophysiologischer Erkenntnisse modifizierte – Technik, bei der gezielt mit der Streckmuskulatur gearbeitet wird. Dadurch baut sich beim Übenden mehr Bewußtsein für eine aufrechte und damit schmerzentlastende Haltung auf.

Es gibt keinen Gedanken, den unsere Muskeln nicht mitdenken; jeder Gedanke bewirkt eine muskuläre Reaktion. Spätestens dann, wenn man verspannte und verkrampfte Muskeln anspannt, spürt man, was bereits an Spannung da ist. Die meisten Verspannungen finden wir an der Körperrückseite, im Bereich der Schulter- und Nackenmuskulatur. Wir wollen uns deshalb auf diesen Bereich konzentrieren, da sich die Wirkung der Progressiven Muskelentspannung hier am deutlichsten zeigt.

Wählen Sie eine feste, aber angenehme Unterlage. Legen Sie sich mit dem Rücken auf den Boden und legen Sie die Arme neben den Körper.

- Wissen Sie noch, wie man sich in den Schnee legt und einen Stern oder Engel mit den Armen macht? Genauso machen Sie das jetzt auch. Erst drücken Sie, so lange und so fest, wie es geht, die am Körper anliegenden Arme ganz fest in die Unterlage; die Handrücken zeigen dabei nach unten und die Daumen nach außen. Bitte dabei nicht den Atem anhalten!
- Dann spreizen Sie die Arme eine Handbreit weiter nach außen ab. Wieder wird so fest und so lange wie möglich gedrückt, aber nie so fest, daß es einen unangenehmen Schmerz auslöst.
- So gehen Sie dann handbreit um handbreit weiter, bis Ihre Daumen über dem Kopf aneinander stoßen.
- Wer Verspannungen in Schultern und Rücken hat, der konnte sie jetzt, zumindest in einer der Armstellungen, spüren. Nun nehmen Sie jene Stellung ein, in der das nach hinten Drücken der Arme am unangenehmsten war. Dabei liegen die Arme eventuell unterschiedlich, das heißt, ein Arm ist vielleicht weiter abgespreizt als der andere.
- Jetzt bitte erst einmal ganz tief Luft holen – noch etwas tiefer, vielleicht paßt noch ein bißchen mehr Luft in die Lunge. Nun atmen Sie ganz langsam mit einem langen »schschsch« aus. Dabei wird wieder so fest wie möglich mit den Armen in die Unterlage gedrückt. Jetzt wird jedoch nur so lange angespannt, wie Sie Luft mit »schschsch« ausatmen können. Je langsamer Sie die Luft heraus lassen, desto länger kann die Übung dauern – je länger, je besser. Das machen Sie bitte ein-, zwei- oder dreimal, einfach so lange, bis die Kraft

der Arme nachläßt. Danach sind die Arme wohlig schwer und entspannt, und Sie könnten auch zum Autogenen Training übergehen.

■ Während und nach der Übung versuchen Sie bitte, sich das dabei auftretende Anspannungsgefühl zu merken. Da Sie im Bereich einer Schmerzzone arbeiten, ist Ihr Empfinden besonders sensibel und kann besonders gut gespeichert werden.

2. Übungsschritt

Wenn Sie die Übung einige Male in dieser Form gemacht haben – möglichst immer mit einem Tag Pause, sonst wird der Muskelkater zu unangenehm –, folgt der zweite Schritt.

■ Wieder suchen Sie sich die schmerzhafteste Ausgangsstellung der Arme.

■ Bei der Anspannung variieren Sie jedoch zwischen maximaler Anspannung 110 % und 75 %. Mehrmals so fest wie möglich anspannen und wieder so weit locker lassen, wie Sie die 75 %ige Anspannung einschätzen würden.

■ Atmen Sie dabei immer gleichmäßig weiter, ohne Beachtung einer Verbindung der Übungen von Ein- und Ausatmung.

3. Übungsschritt

Bei dem nächsten Übungsschritt wird förmlich mit der Muskelanspannung im schmerzhaften Bereich gespielt.

■ Lassen Sie stufenweise locker bis hinunter zur Nullspannung oder schwanken Sie zwischen 25 %iger und 75 %iger Anspannung hin und her.

■ Variieren Sie so, wie es sich für Sie gut anfühlt, denn es geht lediglich darum, die Muskulatur dosiert anzuspannen und zu entspannen. Natürlich ist es auch hier von entscheidender Bedeutung, sich das dabei auftretende Gefühl zu merken.

4. Übungsschritt

■ Wiederholen Sie die vorherige Übung.

■ Nachdem Sie einen Übungsabschnitt gemacht haben, vollziehen Sie die Empfindungen in der Erinnerung nach, rufen also das Gefühl unterschiedlichster An- und Entspannung im Körper auf, ohne dabei die Muskeln anzuspannen.

■ Nun stellen Sie sich lediglich noch vor, Sie würden die emp-
findlichste Stellung aufsuchen, gezielt anspannen und zum
Abschluß ganz entspannen.

Wird die Übung in dieser Form beherrscht, so können Sie allein in der Vorstellung schon die angespannte Muskulatur zur
Entspannung führen. Selbst wenn Ihnen das nicht ganz gelingt, ist bereits jede der Vorstufen für sich allein sehr wir-
kungsvoll, um den besonders streßsensiblen Schulter-Nacken-
Bereich zu lockern.

Das Gleiche können Sie bei Schmerzen im unteren Rücken
und Kreuzbereich mit den Beinen machen. Legen Sie sich
wieder hin und machen Sie die Übungen Schritt für Schritt
mit den Beinen statt mit den Armen. Dabei sind die Fuß-
spitzen leicht nach außen gedreht.

Tip

■ Setzen Sie sich aufrecht auf einen Stuhl und spreizen Sie die
Oberarme seitlich auf Schulterhöhe ab.

**Armübung
im Sitzen**

■ Beugen Sie die Unterarme rechtwinklig nach oben. Die Hand-
flächen schauen zueinander, und die Daumen zeigen nach
hinten.
■ Während die Daumen so weit wie möglich nach hinten geschoben werden, ziehen Sie gleichzeitig die Ellbogen sehr
langsam herunter an den Körper.
■ Anschließend schieben Sie die Arme, unter gleicher Anspannung, so weit wie möglich nach oben, bis Sie den Punkt maximaler Muskelverspannung finden.
■ Hier halten Sie den Arm unter Rückspannung, bis die Erschöpfung der Muskulatur es nicht mehr zuläßt; dann lassen
Sie locker und erleben die Erschöpfungsentspannung als
Schwere.
■ Aus dieser Stellung heraus, dem maximalen Schmerzpunkt,
können Sie dann die gleichen Schritte anwenden, die bereits
für die Übung im Liegen vorgeschlagen sind.

7 KAPITEL

Was Autogenes Training bewirken kann

Sie haben nun das Autogene Training Schritt für Schritt kennengelernt. Lassen Sie mich noch einmal verdeutlichen, was allein das regelmäßige Üben des Autogenen Trainings, ohne irgendwelche Zusatzübungen, in Ihrem Körper bewirken kann:

Auswirkungen des Autogenen Trainings

- Ruhe und Erholung
- Reduzierung des Schlafbedürfnisses
- Geringere Krankheitsanfälligkeit dank eines aktiven Abwehrsystems
- Abbau von Angstzuständen
- Verminderung von unbeherrschtem Verhalten und Suchtneigung
- Intensivierung aller Sinneswahrnehmungen und Gefühle
- Optimale Selbstregulierung von Körperfunktionen, die sonst unwillkürlich ablaufen
- Gesteigerte Leistungsbereitschaft und höheres Leistungsvermögen
- Geringere Schmerzempfindlichkeit
- Größere Selbstsicherheit in allen Lebenssituationen

Dr. Lindemann, der als erster Mensch in einem Einmannboot den Atlantik überquerte, sagte, er hätte es ohne Autogenes Training niemals schaffen können. Seinen Schülern gab er die folgenden Vorsatzformeln für die ersten Lernphasen des Autogenen Trainings mit auf den Weg:

- »Autogenes Training macht frei und froh.«
- »Autogenes Training bringt Spaß, ich trainiere konsequent.«
- »Ich trainiere das Autogene Training mit Lust und Liebe.«

Erste Hilfe durch Vorsatzformeln

Vorsatzformeln sind eine Möglichkeit, den selbsthypnotischen Entspannungszustand des Autogenen Trainings zu nutzen. Fügen Sie sie nach der Stirnübung ein. Mehrere tägliche Wiederholungen, auch außerhalb der Entspannung, verstärken Ihre Bereitschaft, im Sinne der Formeln zu handeln.

Beispiele für Vorsatzformeln

- »Training und Leistung macht frei und froh.«
- »Training bringt Spaß, ich trainiere konsequent.«
- »Ich trainiere mit Lust und Liebe.«
- »Ich starte schnell und flüssig.«
- »Ich laufe locker und gebe alles.«
- »Gegner gleichgültig, ich bleibe im Rhythmus.«
- »Chef gleichgültig, nur die Arbeit ist wichtig.«
- »Gut Ding will Weile haben.«
- »Arbeit läuft mühelos.«
- »Erst arbeiten, dann vergnügen.«
- »Lernen gelingt leicht.«
- »Alles prägt sich von selbst ein.«
- »Ich halte durch, ich schaffe es.«
- »Ich gebe mein Bestes.«
- »Ordnung macht Freude, ich bleibe konsequent.«

Die Wirkung derartiger Formeln ist nicht so sehr in einer Leistungssteigerung, sondern mehr im Abbau störender und hemmender Ängste und Eigenarten zu sehen. In der aktuellen Situation verhindert das ständige gebetsmühlenartige Wiederholen solcher Formeln das Aufkommen selbstzweiflerischer Gedanken.

Fortlaufendes Üben

Was man im voraus durchdenken kann, läßt sich auch in der Vorstellung durcherleben. Vorerleben unterscheidet sich vom Vorausdenken dadurch, daß alle Wahrnehmungsaspekte einer

Situation mit einbezogen werden und eine starke Gefühlsbeteiligung unsere inneren Kräfte weckt. *Johannes Schultz* nannte dies die »Reihenübung«.

Ziel der **Reihenübung** ist es, den tiefen Entspannungszustand des Autogenen Trainings möglichst lange anhalten zu lassen und tägliche Verrichtungen in diesem entspannten Zustand auszuführen oder geplante Unternehmungen und Verhaltensweisen mental vorzutrainieren. Mit Hilfe der Reihenübung ist es möglich, all die Dinge, die wir uns vornehmen, zu unterstützen. Unerwünschte Verhaltensweisen, wie z. B. Unbeherrschtheit oder sogar das Rauchen, können durch die konsequente Anwendung der Reihenübung abgestellt werden.

Durchführung der Reihenübung

- Üben Sie entweder gleich nach dem Aufstehen oder vor einer Aufgabe, die sehr schwierig ist und Ihre volle Konzentration fordert.
- Machen Sie zuerst das Autogene Training wie gewohnt. Vor dem Zurücknehmen lassen Sie jedoch vor Ihrem geistigen Auge ablaufen, was in der nächsten Zeit geschehen soll, also welches Ziel Sie anstreben.
- Anstelle des Zurücknehmens setzen Sie nun eine Formel im folgenden Sinn ein: »Ich bin entspannt und ruhig, die Ruhe hält an.«
- Durch Kurzübungen können Sie den Entspannungszustand stabilisieren, wann immer Sie das Gefühl haben, daß er an Tiefe verliert.

Bei den in der Vorstellung vorweggenommen Tätigkeiten geht es nicht so sehr um den absolut präzisen Ablauf, sondern mehr um das Vorerleben der künftigen Handlung als eine freudige, ruhige, konzentriert durchlebte Situation. Sind Ihnen einige Details noch nicht bewußt, so beobachten Sie sich aus einem größeren Abstand, aus dem lediglich Ihre gute Stimmungslage, aufrechte Haltung oder ähnliches wahrnehmbar sind.

Im anschließenden Kapitel werden Sie sich mit den ergänzenden Wahrnehmungsaspekten beschäftigen. Beim Durcharbeiten der Fragebögen (siehe Seite 117ff.) werden Sie ein Gespür dafür bekommen, welche Sinneseindrücke Sie mit in Ihr Vorerleben integrieren sollten. Wenn es um die Festigung eines ganz bestimmten Verhaltens oder einer genau einzuhaltenden Bewegungsabfolge geht, dann muß dies sehr detailgetreu vorerlebt werden, damit es sich auch einprägen kann. Folgender Ablauf hat sich bewährt:

- Beobachten Sie im Vorerleben wie als Außenstehender die optimal verlaufende Situation, gegebenenfalls mit erwünschten oder zu erwartenden Begleitaspekten wie Zuschauerjubel oder auch strömender Regen, damit diese Sie nicht überraschen können.
- Erleben Sie in dieser Situation in aufrechter Haltung mit entspannt-lockeren Bewegungen – oder was sonst für Ihr Beispiel notwendig ist – bereits das Erfolgsgefühl.

Vorleben einer Situation

Nun geht es ins Detail. Wie mit einem Zoomobjektiv fahren Sie an die Bereiche heran, die wichtig sind. In Zeitlupen- und anschließend in Realzeitvorstellung beobachten Sie den genauen Ablauf der erforderlichen Bewegung, hören einen präzise geformten Gesprächsablauf oder ähnliches. Jetzt schlüpfen Sie in Ihrer Vorstellung in den Körper hinein und erleben den angestrebten Ablauf der Situation nochmals möglichst detailgetreu. Sehen Sie, was Sie zu sehen anstreben, hören sie, was Sie hören möchten. Dabei spielen zu erwartende Nebengeräusche, Gerüche und vor allem das erfolgssichere Gefühl eine entscheidende Rolle für den späteren realen Ablauf.

Um sich mit dem mentalen Arbeiten besonders am Anfang nicht zu überfordern, verwendet man das **Rotationswahrnehmungsprinzip:**

- Nehmen Sie erst wahr, was Sie später zu sehen anstreben.
- Gehen Sie schrittweise zum Hören, Riechen, Schmecken, Fühlen, Körperempfinden und Gesamtempfinden über.
- Stellen Sie sich also schrittweise einen Aspekt nach dem anderen vor und versuchen Sie, ihn möglichst detailgetreu im voraus zu empfinden.

Einstieg in das mentale Arbeiten

- Immer wenn Sie meinen, ein Wahrnehmungsaspekt sei momentan ausgeschöpft, gehen Sie zum nächsten über.
- Die Rotation kann mehrmals durchgeführt werden.

Sie erleben dabei, wie Ihr Vorausempfinden zunehmend realitätsnah wird. Später sollten Sie das Ganze zu einem weitestgehend gleichzeitigen Erleben aller Sinne verschmelzen lassen. Allerdings ist es auch in der Realität eher so, daß wir uns mehr der einen oder der anderen Wahrnehmung zuwenden; also überfordern Sie sich nicht.

Nun sind Sie optimal auf die jeweilige Situation vorbereitet. Steht sie jetzt direkt bevor, so bleiben Sie mit »Ich bin entspannt und ruhig, die Ruhe hält an« im Entspannungszustand. Andernfalls nehmen Sie in gewohnter Form zurück und beginnen von vorn. Für besondere Leistungen hat sich ein fünfmaliges Vorerleben in dreitägigem Abstand bewährt.

Die exaktesten wissenschaftlichen Untersuchungen zu diesem Thema kommen aus dem Leistungssport. Leistungssteigerungen bis zu 15 % werden häufig erreicht. Heute ist Leistungssport ohne mentales Vortraining nicht mehr denkbar. Wer sich nicht auf diese Weise vorbereitet, hat keine Chance

Im Leistungssport ist mentale Vorbereitung mitentscheidend für den Erfolg.

mehr. Als das mentale Begleittraining noch ein Geheimtip war, gab es eine Reihe von Sportlern und Teams, die über Jahre hinaus unschlagbar waren. Heute weiß man auch, warum.

Was sich im Leistungssport bewiesen hat, bewährt sich natürlich auch im Berufs- und Alltagsleben! Üben Sie zuerst einfache Alltagssituationen. Bewährt hat es sich, anfänglich seinen normalen Tagesablauf vorzuerleben, beginnend mit kleinen Abschnitten wie Aufstehen bis zum Verlassen des Hauses, der Weg zur Arbeit bis zum Betriebstor, bestimmte Tätigkeiten während der Arbeit usw. Dabei schaltet man immer, bevor ein neuer Abschnitt beginnt, eine Kurzentspannung ein.

Üben Sie zuerst ganz alltägliche Situationen.

Nach diesem Prinzip läuft auch die abendliche Rückschau ab. Am Ende des Autogenen Trainings erleben wir den Tag noch einmal nach. Fehler werden erkannt und in korrigierter Form in das Vorerleben des kommenden Tages integriert. Auf diese Weise lassen sich viele Situationen entschärfen.

Ein häufiger Einwand gegen ein derartiges Vorgehen ist, daß der Ablauf eines Tages nicht nur von uns selbst, sondern auch vom Verhalten anderer abhängt. Hier beginnt der ganzheitliche Aspekt derartiger Handlungsweisen. Wer es bereits erlebt hat, wird mir zustimmen, daß sich auch scheinbar nicht beeinflußbare Äußerlichkeiten zum Besseren wenden. Es fallen uns Dinge zu, die in unsere Zielvorstellung passen.

Beachten Sie

Häufig wird die Meinung vertreten, kritische Lebenssituationen allein mit regelmäßig wiederholten Leitsätzen anzugehen, im Sinne von: »Es geht mir Tag für Tag und in jeder Hinsicht immer besser« oder »Erfolg im Betrieb, meine Frau hat mich lieb.«

Richtig ist, daß jeder positive Gedanke einen negativen verdrängt. Ebenso baut das »Herunterleiern« derartiger Sätze eine gehobene innere Stimmungslage auf. Im Vergleich zu einem gezielten Vorerleben ist die Wirkung dieser Positivsuggestionen jedoch sehr bescheiden.

Positive Suggestionen haben nur dann einen Sinn, wenn sie den detaillierten inneren Erlebnisablauf der von uns angestrebten Situation wieder entstehen lassen – so wie die Suggestion »Schwere« in uns Bild und Wahrnehmung dieser Situation weckt. Die sich immer wieder bestätigende kosmische Wahrheit lautet schlicht und einfach »Nur wer Ziele hat, wird sie erreichen« und »Was Ihr sät, das werdet Ihr ernten«. So wie dank der göttlichen Gnade aus einem kleinen Samen eine große Pflanze wird, kann auch unser Wollen positiv verstärkt werden, sofern unser Wunsch niemand anderem schadet.

Ergänzende Wahrnehmungsaspekte

Nachdem Sie nun gelernt haben, effektiv zu entspannen, steht Ihnen eine Vielzahl weiterer Techniken zur Verfügung. In den Tabellen (siehe Seite 117ff.) finden Sie die wichtigsten ergänzenden Wahrnehmungsaspekte (Submodalitäten) aufgelistet. Mit **Submodalitäten** bezeichnet man die Begleitaspekte einer Situation, also genau das, was sich Ihr nicht direkt zugängliches Gedächtnis – auch Unterbewußtsein genannt – alles gemerkt hat, um spätere Situationen einstufen zu können.

Tip

Machen Sie sich mehrere Kopien dieser Fragebögen. Sie sind der Schlüssel für das Verständnis Ihres Unbewußten und die Basis für die Gestaltung Ihres individuellen Lernplanes für das autogene Training.

Beginnen Sie mit der Rückerinnerung an eine besonders angenehme Situation.

Bitte entspannen Sie so, wie Sie es am besten können, und gehen Sie mit betont langsamen Bewegungen an das Ausfüllen der Fragebögen. Versuchen Sie, sich an eine besonders angenehme Situation in Ihrem Leben zu erinnern. Die Tabellen werden Ihnen helfen, sich diese Situation wieder deutlicher ins Bewußtsein zu rufen. Gleichzeitig erkennen Sie, was Ihr Gedächtnis für wichtig hält und gespeichert hat, wenn eine Situation angenehm war.

1. Visuelle Ergänzungswahrnehmungen: Was sehe ich vor meinem geistigen Auge?

Stichwort	Bewertung*
Wahrnehmungen der jeweiligen Erinnerung	
Beobachte ich mich von außen (dissoziiert)?	
Wie groß ist mein Beobachtungsabstand?	
Sehe ich alles in einem Rahmen oder auf einer Kinoleinwand?	
Als Film oder Foto/Dia?	
Grob- oder feinkörnig?	
Geschwindigkeit (natürlich/schnell/langsamer)	
Glitzernd oder stumpf	
Richtung der Bewegung (zweidimensional/flächig, dreidimensional/räumlich)	
Kann ich ein ganzes Panorama überblicken?	
Beobachte ich die Situation aus der Nähe oder größerer bzw. kleinerer Entfernung?	
In der Mitte meines Blickfeldes	
Nach rechts oder links verschoben	
Nach oben oder unten verschoben	
Gekippt oder gedreht	
Symmetrie/Proportionen, Größe (klein, groß, unnatürlich groß – Maus in der Größe eines Pferdes oder umgekehrt)	
Nehme ich die Situation direkt durch meinen eigenen Körper wahr (assoziiert)?	
Lichteinfall: Wo sind die Schatten, wo sind die am besten ausgeleuchteten Bereiche?	
Scharf oder verschwommen	
Hell oder dunkel	
Kräftig farbig	
Wahrnehmungen der jeweiligen Erinnerung	
Pastellfarbig	
Durchscheinend	
Unnatürlich (rote Bananen)	
Wechseln die Farben?	
Schwarzweiß (gibt es auch grau oder schwarz-weiß-Verläufe?)	

Stichwort	Bewertung*
Grau in grau	
Kontrast (Hell/Dunkel-Unterschiede stark oder schwach?)	
Oberflächenbeschaffenheit einzelner Objekte (sehen sie rauh aus, gemustert?)	
Eigene Ergänzungen:	
* 0 = nein, nichts / X = ja / 1 = kaum / 2 = normal / 3 = intensiv	

2. Mentale und kinästhetische Ergänzungswahrnehmungen: Was denke, fühle, spüre ich in meiner inneren Wahrnehmung?

Stichwort	Bewertung*
Wahrnehmungen der jeweiligen Erinnerung	
Was denke ich gerade?	
Habe ich irgendwelche Emotionen (Angst, Mut, Mutlosigkeit, Wut, Trauer, Depression, Tatendrang)?	
Wie fühle ich mich?	
Fühle ich Anspannung oder sanfte Entspannung?	
Fühle ich innere Wärme oder Kälte?	
Fühle ich innere Schwere oder Leichtigkeit, Druck oder Entlastung?	
Wo im Körper spüre ich das Gefühl am deutlichsten (Kopf, Herz, Bauch, Knie)?	
Wie empfinde ich meine eigene Haltung (aufgerichtet, gedrückt, steif, flexibel)?	
Ist meine Atmung tief oder oberflächlich?	
Welches Gefühl habe ich in der Magengegend, hart oder gelöst?	
Welche meiner Muskeln sind angespannt, verspannt, entspannt?	
Fühlt sich die Situation hart oder weich an?	
Fest oder flüssig	
Biegsam oder starr	
Oberflächen (weich, hart, steinig, sandig, sumpfig, seidig, haarig, rauh, glatt, klebrig, feucht, trocken, spitz, stumpf, gemustert, tiefe oder flache Konturen, Kies, Holz, Asphalt)	
Was spüre ich auf meiner Haut?	
Warm oder kalt	

Stichwort	Bewertung*
Wechselnde Temperatur	
Rauh oder glatt	
Druck (Stärke gleichbleibend oder wechselnd)	
Ort und Ausdehnung der Wahrnehmung (Fingerspitze, ganze Hand oder wechselnd)	
Stärke der Wahrnehmungen (intensiv oder schwach, deutlich oder unklar)	
Anzahl der Wahrnehmungen	
Anhaltender Eindruck oder schwankend	
Bestimmter Rhythmus, typischer Rhythmus (schwungvoll)	
Geschwindigkeit (schnell oder langsam)	
Prickelnd, vibrierend	
Witterung	
Bewege ich mich?	
Ist diese Bewegung angenehm oder unangenehm, verkrampft?	
Eigene Ergänzungen:	
* 0 = nein, nichts / X = ja / 1 = kaum / 2 = normal / 3 = intensiv	

3. Auditive Ergänzungswahrnehmungen: Was höre ich in meiner inneren Wahrnehmung?

Stichwort	Bewertung*
Wahrnehmungen der jeweiligen Erinnerung	
Kann ich etwas hören?	
Worte, Musik, Geräusche oder Stille	
Stereo / mono	
Ist der Ursprung dieser Geräusche nah oder fern (rechts, links, hinten, vorn, oben, unten)?	
Laut oder leise	
Anzahl der Tonquellen: Bleibt die Anzahl gleich oder ändert sie sich?	
Klar unterscheidbar oder ineinander übergehendes Gemurmel?	
Natürliche / unnatürliche Töne	
Harmonisch, disharmonisch	

Stichwort	Bewertung*
Mit oder ohne Hall, Echo	
Klangfarbe schrill oder stumpf	
Rhythmisch, unrhythmisch, welcher Rhythmus?	
Dynamisch oder monoton	
Melodisch oder abgehackt	
Durchgehender oder unterbrochener Ton/Klang	
Langsam oder schnell	
Lautstärke	
Harte oder weiche Töne	
Sind die Geräusche oder Stimmen deutlich zu verstehen?	
Überwiegen helle oder dunkle Töne?	
Ist etwas daran unangenehm?	
Kommen und gehen die Geräusche oder bleiben sie konstant?	
Aus welcher Richtung kommen die Geräusche oder Stimmen?	
Sprechgeschwindigkeit	
Länge der Pausen	
Stimmen abwechslungsreich, wohltönend oder eher monoton?	
Höre ich mich in einem Selbstgespräch?	
Spreche ich mit Anderen?	
Was sage ich zu mir?	
Was sage ich zu anderen?	
Wie sage ich es?	
In welchem Tonfall sage ich es?	
Wenn eine Stimme etwas zu mir sagt, so sollte ich darauf achten, was die Stimme sagt und ob sie kritisch und fordernd oder hilfreich und unterstützend klingt.	
Eigene Ergänzungen:	
* 0 = nein, nichts / X = ja / 1 = kaum / 2 = normal / 3 = intensiv	

4. Olfaktorische und gustatorische Ergänzungswahrnehmungen: Was rieche und schmecke ich in meiner inneren Wahrnehmung?

Stichwort	Bewertung*
Wahrnehmungen der jeweiligen Erinnerung	
Aufdringlich	
Süß	
Sauer	
Salzig	
Bitter	
Scharf	
Fruchtig	
Blumig	
Erdig	
Aromatisch	
Frisch	
Verbrannt	
Muffig	
Stechend	
Metallisch	
Nussig	
Hopfig	
Malzig	
Feurig	
Spritzig	
Aromatisch	
Zart	
Dünn	
Rassig	
Füllig	
Gehaltvoll	
Zuckersüß	
Honigsüß	
Würzig/fade	
Bitter	

Stichwort	Bewertung*
Gesalzen	
Mild	
Stark gepfeffert	
Saftig	
Zäh	
Knusprig	
Verschiedene Aromen/ein Aroma	
Stärke der Wahrnehmung?	
Erstgeschmack	
Hauptgeschmack	
Nachgeschmack	
Eigene Ergänzungen:	
* 0 = nein, nichts / X = ja / 1 = kaum / 2 = normal / 3 = intensiv	

Sie können aus der Arbeit mit diesen Fragebögen sehr viel profitieren. Wenn man innerhalb eines Kurses die Fragebögen vergleicht, wird der Unterschied von Teilnehmer zu Teilnehmer besonders deutlich und verständlich. Wenn Sie allein das autogene Training erlernen, findet sich vielleicht trotzdem jemand, der Freude am Ausfüllen dieser Fragebögen hat, und Sie können mit ihm zusammen vergleichen, was für Sie wichtig ist und was ein anderer als wichtig erachtet.

An einem der nächsten Tage sollten Sie das Gleiche mit der Erinnerung an eine unangenehme Situation machen. Sie werden beobachten, wie dies Ihre gesamte Grundstimmung für einen gewissen Zeitraum beeinträchtigen kann. Nehmen Sie sich deshalb am besten für die anschließenden Stunden etwas besonders Angenehmes vor oder bearbeiten Sie noch einmal eine angenehme Situation mit einem neuen Fragebogen.

Die Umformung der Informationsinhalte unseres Unterbewußtseins, so wie ich es Ihnen jetzt verdeutlichen möchte, vermag alte Denkstrukturen regelrecht zu löschen und positiv umzuwandeln. Sie können den ungünstigen Teil des »alten Menschen« in sich entsprechend den Vorstellungen Ihrer jetzigen Lebenserfahrung verbessern. Um jedoch gezielt an den alten Speicherinhalten des Gedächtnisses arbeiten zu können, müssen Sie seine Sprache und seine Speichertechnik kennenlernen.

Wichtig

> Lassen Sie sich nicht von der Vielzahl der Fragen irritieren. Es sind für Sie immer nur jene von Bedeutung, die Sie ohne zu überlegen beantworten können. Die auf Sie zutreffenden Fragen werden Ihnen helfen zu verstehen, wie Ihr Gehirn Eindrücke speichert.

Bei der Betrachtung Ihrer Antworten werden Sie feststellen, daß Sie negative Situationen meist ohne größeren Abstand oder als direkt Beteiligter beobachten. Das Bild vor Ihrem inneren Auge hat keinen Rahmen. Meist ist es mehr unten links plaziert, und im Bild ist wenig oder keine Bewegung. Die Farben tendieren zum Dunklen, oder alles ist nur schwarz-weiß, die Konturen sind verschwommen.

Entgegengesetzt verhält es sich meist bei der positiven Erinnerung. Das positive Erinnerungsbild ist mehr rechts oben und weiter entfernt, erscheint insgesamt größer als das negative, das Streßbild. Sie haben den Überblick, das Bild ist dreidimensional und bewegt. Es herrschen helle und freundliche Farben vor. Je nach der Arbeitsweise Ihres Gedächtnisses werden Sie sich neben der bildhaften Erinnerung auch noch an Gefühle, Geräusche und Gerüche erinnern können. Beim Streßbild hingegen tendiert meist alles zum Unschönen und Unangenehmen.

Aus psychologischen Tests wissen wir, daß jene Menschen, die nicht unter den frustrierenden Erlebnissen ihrer Vergangenheit leiden, diese Situationen aus der Beobachtersituation wahrgenommen und gespeichert haben. Sie haben sich gefühlsmäßig davon distanziert, wie jemand, der eine notwendige Kurskorrektur gemacht hat und nun nichts mehr mit dem vergangenen Zustand zu tun hat. Wer sich jedoch an alles Negative noch in der direkt beteiligten Situation erinnert, wird unter seinen negativen Erinnerungen leiden!

Modifizierung belastender Erlebnisse

Hier einige Techniken, mit denen Sie – ausreichende Entspannung vorausgesetzt – in Ihrem Unterbewußtsein verankerte, ungünstige Verhaltens- und Reaktionsmuster abbauen können. Probieren Sie vorerst an alltäglichen Problemen aus, mit welcher Technik Sie am besten vorwärts kommen.

Anhand der Fragebögen konnten Sie erkennen, wie sich die Speichertechnik Ihres Gedächtnisses bei positiven und negativen Erinnerungen unterscheidet.

Abbau negativer Verhaltensmuster

- Wandeln Sie Ihre negative Erinnerung schrittweise in eine bildhafte Vorstellung (Visualisation/Imagination) um, deren Aspekte der positiven Situation immer näher kommen.
- Mit Hilfe der Fragebögen können Sie systematisch den Plan für eine auf allen wichtigen Wahrnehmungsebenen positive innere Vorstellung gestalten.

Abhängig von Ihrer Speichertechnik könnte es beispielsweise Spannungen abbauen, wenn Sie

Abbau von Spannungen

- sich zunehmend aus weiterer Entfernung beobachten,
- die Handlung in einem »Bilderrahmen« sehen,
- das Bild nach oben rechts verschieben und
- sich alles klar und deutlich in hellen Farben vorstellen.

Ihr Unterbewußtsein wird diese »nur« vorgestellten inneren Bilder genauso werten wie real erlebte Situationen. Vor allem dann, wenn möglichst viele Wahrnehmungsaspekte mit einbezogen, d.h. innerlich erlebt wurden. So werden Ihre positiven »Einbildungen« zunehmend die ungünstigen Speicherungen im Unterbewußten löschen. Sie handeln wieder ungehemmt, als der, der Sie wirklich sind, und bremsen sich nicht mehr durch negative Erinnerungen und Gefühle selbst aus.

Was tun, wenn ich nicht weiß, was ich will?

Ein neues Ziel zu finden, wenn einem das Leben einmal den Boden unter den Füßen weggezogen zu haben scheint, ist nicht immer leicht. Selbst wenn wir meinen, ein Ziel gefunden zu haben – woher sollen wir die Sicherheit nehmen, daß dies das richtige Ziel ist?

Beachten Sie

> Voraussetzung für alle hier angebotenen Hilfen ist mindestens das Beherrschen der Atementspannung.

Sie sollten nicht erwarten, daß Ihnen in der Entspannung ein sogenannter »Innerer Meister« begegnet, der Ihnen nun genau sagt, was Sie in Zukunft zu tun haben. Dennoch gibt es sie, die sanften, niemals zwingenden Hinweise des Schicksals. Es sind Anregungen zum Weiterdenken, Entscheidungshilfen, aber keine Befehle. Es sind Hilfen, die nur demjenigen zur Verfügung stehen, der gelernt hat, loszulassen und achtsam zu werden.

Was noch vor einigen Jahrzehnten als Geheimwissen galt, steht heute dank exakter wissenschaftlicher Forschung jedem zur Verfügung. Wo immer Ihnen geheimnisvolle Meditationstechniken oder Erleuchtungswege angeboten werden, Sie können darin, neben einer Menge unwichtigen Beiwerks, Teilaspekte jener Verfahrenstechniken erkennen, die nur das Autogene Training und die Hypnose in kompletter Form anbieten.

Brainstorming – eine Hilfe zur Problemlösung

Als **Brainstorming** wird eine Technik benannt, bei der all das, was in den Tiefen unseres Bewußtseins ruht, die Möglichkeit bekommt, nach »oben« zu gelangen. Es scheint jedoch noch

Brainstorming ist ein bewährtes Verfahren, um neue Ideen und Lösungen freizusetzen.

mehr zu sein, was da ans Licht drängt. Gedanken, die mit Sicherheit nicht aus unserem Erfahrungsschatz kommen können, tauchen auf und helfen, unsere Probleme zu lösen. Im Geschäftsleben ist das Brainstorming heute ein bewährtes Verfahren, um in festgefahrenen Situationen das ganze Potential der Mitarbeiter auszuschöpfen und neue Lösungsansätze und Ideen zu finden.

In den Anfangszeiten des Radios konnte man mit der richtigen Antenne und der richtigen Frequenz Sender hören, die normalerweise nicht zu empfangen waren. Ähnlich verhält es sich mit dem menschlichen Gehirn, das in Entspannung auf der sogenannten Alphafrequenz arbeitet. Es scheint so, als würde diese Alphafrequenz in sonst nicht erreichbare Abschnitte unseres Gedächtnisses vordringen und Informationen freigeben. Einen nebengeräuschfreien Empfang dürfen Sie jedoch nicht erwarten!

Da jeder von uns unterschiedlich ausgeprägte Wahrnehmungskanäle hat, werden sich die hilfreichen Impulse/Ideen auf dem empfangsstärksten Kanal melden. So kann es sein, daß Sie glauben, Worte zu hören, einen Schriftzug zu erkennen oder einen Begriff plötzlich einfach im Kopf zu haben.

Beim Brainstorming spielen auch Gefühle und Gerüche eine Rolle.

Neben diesen direkt verwertbaren Impulsen spielen Gefühle und sogar Gerüche eine wichtige Rolle. Wenn Sie beobachten, daß beim Brainstorming unterschiedlich angenehme und unangenehme Gefühle in Ihrem Körper spürbar werden oder Sie den Eindruck haben, es würde im Raum mit einmal angenehmer oder unangenehmer riechen, dann werden diese Mitteilungsebenen vom Unterbewußtsein genutzt. Sie können in derartigen Situationen folglich nicht erwarten, daß Ihnen mit einmal ein Begriff einfällt, den Sie dann einfach niederschreiben. Deshalb hat es sich bewährt, zur sogenannten Ja/Nein-Ebene überzugehen.

Denken Sie an einen Lösungsweg, auch wenn Sie keine Ahnung haben, ob er überhaupt realisierbar ist. Achten Sie dabei auf Ihr Gefühl, den Geruch oder was sonst bemerkbar wird. Mit dem Auftauchen des Gefühls werden Sie wissen, ob Sie es als zustimmend, ablehnend oder unsicher werten können. Meist kommt einem während des Aufschreibens des zuvor erlebten Impulses zusätzlich ein Gefühl, wie es in der Vorstellung weitergehen kann, oder weitere Fragestellungen entwickeln sich.

Grundvoraussetzung für ein effektives Brainstorming ist die gelöste Entspanntheit, die Lässigkeit, von den Ergebnissen dieser Sitzung nicht abhängig zu sein, und die Bereitschaft, selbst den unsinnigsten Impuls einfach einmal aufzuschreiben. Kursteilnehmer berichten mir immer wieder, sie hätten beim Brainstorming auch ohne einleitende Entspannung gute Hinweise bekommen; die praktischen Vergleiche während der Seminare zeigen jedoch das Gegenteil.

Beachten Sie

Je größer die Entspannung ist, desto besser sind die Ergebnisse des Brainstormings! Aber auch hier gilt: Übung macht den Meister.

Nicht immer erweist es sich als sinnvoll, das niedergeschriebene Gedankengewirr sofort ordnen zu wollen. Es hat sich bewährt, vor dem Schlafengehen einen Blick auf die Notizen zu werfen. Nicht selten weiß man dann am Morgen den Sinn oder kommt zumindest ein Stück weiter. Oft braucht es auch einige Tage, bis einem endgültig »ein Licht aufgeht«.

So gehen Sie beim Brainstorming vor

1. Nehmen Sie eine entspannte Sitzstellung ein und legen Sie sich Papier und Schreibstift zurecht. Die zum Aufschreiben notwendigen Bewegungen führen Sie extrem langsam durch, um nicht an Entspannungstiefe zu verlieren. Gehen Sie über das Autogene Training in Entspannung.

2. Stellen Sie sich bei geschlossenen Augen vor, Sie würden auf eine weiße oder schwarze Kinoleinwand schauen. Nehmen Sie eine Haltung ein, als wüßten Sie, daß der Film erst in 15 Minuten beginnt. Dösen Sie im Angesicht der Leinwand vor sich hin. Tauchen Muster, Flecken oder Blitze auf, stellen Sie sich vor, diese hätten eine räumliche Tiefe; lassen Sie sich in diese Effekte auf der vorgestellten Kinoleinwand hinein-fallen.

Derartige optische Erscheinungen gelten als Zeichen innerer Unruhe oder starker Anspannung. Entsprechend wird die Farbe der Leinwand mit fortschreitender Entspannung zunehmend gleichmäßiger. Sie können diese Muster, Flecken oder Blitze jedoch gut nutzen, um mit ihrer Hilfe in tiefere Schichten Ihres Bewußtseins, ins sogenannte Unterbewußtsein, vorzudringen.

3. Notieren Sie nun jeden Impuls oder Gedanken, der aufkommt, einfach der Reihe nach. Tauchen innere Bilder auf, so folgen Sie ihnen und skizzieren kurz den Inhalt, ohne sich darüber Gedanken zu machen.

4. Jetzt spielen nur Gedanken eine Rolle, die entstehen, ohne daß Sie überlegen. Tauchen Muster auf, so stellen Sie sich vor, diese Muster hätten räumliche Tiefe und Sie würden hineinschweben oder -fallen.

5. Tauchen angenehme oder unangenehme körperliche Reaktionen auf, so stehen diese normalerweise in Zusammenhang mit einem inneren Bild, an das Sie sich erinnern, oder einem Gedanken, den Sie gerade denken. Verändern Sie unangenehme Gedanken oder innere Bilder so, daß Ihr Gefühl angenehm wird.

6. Sobald Personen auftauchen, können Sie sich mit ihnen unterhalten und deren Hinweise zur späteren Überprüfung aufzeichnen.

Wird das Brainstorming in irgendeiner Weise unangenehm, dann sollten Sie abbrechen. Es besteht die Gefahr, daß Material aus dem Unterbewußtsein nach oben drängt, das nur in Begleitung eines erfahrenen Therapeuten sinnvoll zu bearbeiten ist.

Wenn Sie in das Brainstorming mit dem Ziel, die durch Entspannung erweiterte Kapazität Ihres Bewußtseins zu nutzen, hineingehen, kommen Sie normalerweise bis auf die Ebene des sogenannten »Inneren Meisters«, einer wahrgenommenen – nicht eingebildeten – Person, mit der man ein regelrechtes Zwiegespräch führen kann. Es kann sich dabei sogar eine Unterhaltung entwickeln, in der uns ganz neue Einsichten zuteil werden. Es hat sich allerdings bewährt, eindeutigen Impulsen aus dem Unterbewußten immer sehr skeptisch gegenüberzustehen. Meist sind es die völlig unverbindlichen, leisen, niemals zwingenden oder fordernden Impulse und Gedanken, die uns wirklich weiterhelfen.

In völliger Entspannung funktioniert das Brainstorming am besten.

Viele Künstler sind im Zustand völliger Entspannung besonders kreativ.

Bereits 1934 sandte der Hamburger Nervenarzt *Dr. Kankeleit* ein Rundschreiben an einige als besonders kreativ bekannte Persönlichkeiten mit der Bitte, jene Situationen zu schildern, in denen sie besonders schöpferisch sind. Die Antworten waren ebenso eindeutig wie bei späteren Wiederholungen einer derartigen Umfrage. Immer waren besonders entspannte Zustände oder Dämmerzustände die Situationen, in welchen den Künstlern Gedanken oder Bilder förmlich zuflogen.

Brainstorming kann derartige positive Situationen durch Entspannung gezielt hervorrufen. Manchmal wird die Ansicht geäußert, ein derartiges »Spielen« mit dem Unterbewußten sei gefährlich. Ich teile diese Vorstellung nicht. Wer kein klares Ziel vor Augen hat oder nicht weiß, was er will, läuft immer Gefahr, sich irgendwelchen Stimmen unterzuordnen. Wenn Sie jedoch ein Ziel haben und ehrlich mit sich selbst sind, wird Ihnen Brainstorming eine große Hilfe sein.

Tip

Vielleicht ist es Ihnen angenehmer, Ihre Empfindungen und Erlebnisse auf ein mitlaufendes Bandgerät zu sprechen, was sich bei Brainstorming gut bewährt hat.

Was tun bei Schlafstörungen?

Mögliche organische Ursachen Ihrer Schlafstörung sollten vom Arzt abgeklärt werden.

Eine Hilfe bei Schlafstörungen können Sie vom Autogenen Training nur erwarten, wenn gleichzeitig begleitende Symptome wie Bluthochdruck, Schilddrüsenüberfunktion, Herzerkrankungen, Asthma, Arteriosklerose der Hirngefäße, nächtliche Muskelkrämpfe durch Mineralienmangel und ein eventuelles Fehlen der schlaffördernden Hormone ärztlich behandelt werden. Auch Depressionen können die Wirkung des Autogenen Trainings mindern. Achten Sie auch darauf, daß die äußeren Umstände (Bett, Geräusche, Licht) den Schlaf nicht behindern. Wenn alle diese Faktoren ausgeschlossen sind, haben Sie gute Chancen, mit regelmäßigem Autogenem Training einen gesunden und erholsamen Schlaf zu finden.

Im Gegensatz zu den üblicherweise beim Autogenen Training verwendeten und in gewisser Hinsicht fordernden Formeln gilt hier genau das Gegenteil. In vielen Fällen hilft aber bereits das abendliche Autogene Training, um einzuschlafen. Neben der allgemeinen Harmonisierung spielt sicher auch die Ablenkung durch das Autogene Training eine Rolle. Man konzentriert sich auf die Übung, und der Schlaf kommt sozusagen ganz nebenbei. Schwere und Wärmeübungen wirken dabei besonders günstig, eventuell lassen Sie einfach die Stirnkühle weg.

Wichtig

Wenn Sie das Autogene Training gezielt gegen Schlafstörungen einsetzen, sind die sogenannten Indifferenzformeln hilfreich. Es handelt sich dabei um Formeln, die keine Forderungen stellen, wie:
- »Gedanken sind ganz gleichgültig.«
- »Schlaf gleichgültig, Ruhe wichtig.«
- »Der Schlaf kommt, wann er will.«

Interessante Ergebnisse liefert auch die **paradoxe Intention:**

»Ich bemühe mich, die ganze Nacht nicht einzuschlafen.«

Diese Formel schließt durch das Wort »bemühen« den angestrebten Mißerfolg nicht aus. Wollten wir wirklich wach bleiben, so müßte die Formel »Ich bleibe die ganze Nacht wach« lauten. Besonders das »Ich« hat die Tendenz, eine Formel »stressig« zu machen, es darf also in Schlafformeln niemals vorkommen.

Mit der Formel allein ist es aber natürlich nicht getan. Es geht darum, die schlafhemmenden Gedanken vor der Schlafzimmertür zu lassen. Wenn wir aktiv denken, kann das Gehirn nicht denken, was es will. Folgende Vorstellungen, die natürlich wieder im Sinne des Rotationswahrnehmungsprinzips (siehe Seite 113ff.) mit allen Sinnen durchlebt werden, haben sich als Gedankenlenker in der Einschlafphase bewährt.

Bei Schlaflosigkeit helfen Indifferenz-formeln wie: »Gedanken sind ganz gleichgültig.«

Die Schaukel

- Stellen Sie sich vor, in einer Schaukel zu sitzen, die langsam vom Wind hin- und hergeschwungen wird.
- Verbinden Sie das Schwingen mit der Ein- und Ausatmung und zählen Sie dabei: Einatmend zurückschwingen, eins. Ausatmend vorschwingen, zwei. Einatmend zurückschwingen, drei usw.

Hierbei ist besonders das Gefühl der Fliehkraft im Kopf und im übrigen Körper wichtig. Es ist hilfreich, vorher wieder einmal wirklich zu schaukeln, und sich dieses Gefühl deutlich einzuprägen. Auch der optische Eindruck der langsam vorüberschwingenden Landschaft wirkt sich fördernd auf einen gesunden Schlaf aus.

Der Aufzug

- Blicken Sie mit Ihren geschlossenen Augen zur Nasenwurzel, denn dies ist ein automatisch eintretender Vorgang in der Einschlafphase.
- Stellen Sie sich einen Fahrstuhl auf Stockwerk 105 vor.
- Sie spüren das sanft ruckelnde Herabgleiten des Fahrstuhls, und ein Display zeigt die Stockwerkszahlen an.
- Wenn Sie wollen, zählen Sie die Etagen mit.

Die Klaviertechnik

- Drücken Sie mit einer angenehm summenden Ausatmung und allen Fingern zehn Tasten eines vorgestellten Klaviers wiederholt langsam herunter.
- Drücken Sie bei jedem Ausatmen nur einmal und zählen Sie eventuell mit.

Das Zeitempfinden ändert sich während des Halbschlafes und Schlafes. Bereits zehn Minuten Wachliegen können wie eine Ewigkeit vorkommen. Häufig wacht man beispielsweise mit dem Schlag einer Uhr auf und meint, die ganze Zeit vom letzten Uhrschlag bis jetzt nicht geschlafen zu haben. Meist ist es aber nur die Einbildung, schlecht geschlafen zu haben, die uns derart müde und erschöpft macht. Der Tropenarzt und Missionar *Albert Schweitzer* erwähnte in seinen Büchern wiederholt, daß es ihm allein durch das Autogene Training möglich war, mit nur vier Stunden Schlaf und einigen fünfminütigen Entspannungsphasen voll leistungsfähig zu sein – und dies noch im Alter von über achtzig Jahren.

Im Schlaf und Halbschlaf ändert sich das Zeitempfinden sehr stark.

Was tun bei Schmerzen?

Schmerzen sind Warnzeichen unseres Körpers, die ernst genommen werden müssen. Bis ärztliche Hilfe möglich ist oder auch während eines ärztlichen Eingriffs hilft das Autogene Training, die Schmerzen zumindest erträglicher zu machen. Regelmäßiges Üben kann sogar Schmerzen betäuben.

Daß Unterkühlung schmerzdämpfend wirkt, hat jeder von uns schon erlebt. Eis ist bei den Verletzungen auf dem Sportfeld das Mittel der Wahl. *Johannes Schultz* griff diese Erfahrung auf, indem er bei Schmerzen Kälteempfinden-auslösende Formeln einsetzte, meist nach der Stirnkühleübung des Autogenen Trainings.

Beispiel

Folgende Formeln wurden an Medizinstudenten erprobt, die einen Eigentest mit einer Injektionsnadel machten, um das Stechen zu üben: »Kein Schmerz am kühlen rechten Handrücken« oder »Eishauch macht rechten Handrücken kalt und schmerzfrei«. Dabei stellt man fest, daß während dem Autogenen Training der Einstich nur noch als dumpfer Druck empfunden wurde und nicht oder kaum blutete. Der anschließende Kontrollversuch an der anderen Hand war äußerst unangenehm und blutete oft anhaltend.

Interessant ist, daß auch die erste Formel wirkt, obwohl unser Unterbewußtsein angeblich Negierungen nicht verstehen soll. Nach Ansicht der Anhänger des positiven Denkens würde unser Unterbewußtsein das Wörtchen »kein« nicht verstehen. Wenn dem tatsächlich so wäre, würde das Unterbewußtsein nur »Schmerz am kühlen, rechten Handrücken verstehen«, und folglich müßte ein Schmerz entstehen – aber das Gegenteil passiert. Trotzdem empfehle ich die zweite Formel, vielleicht versteht das Unterbewußtsein sie zumindest etwas besser. Daß die Formel allein nur begrenzt wirken kann, wissen Sie inzwischen schon; Bild und Wahrnehmungen gehören dazu. Sicher ist das jetzt aber kein Problem mehr für Sie.

Natürlich können Sie mit entsprechend abgewandelten Formeln jeden anderen Körperbereich ebenfalls auf diese Weise schmerzunempfindlicher machen. Verwenden Sie die Formeln jedoch erst nach mehrmaligem Üben im schmerzfreien Zustand, denn auch hier gilt die Erfahrung: Wird die Formel nur in Verbindung mit Schmerzsituationen eingesetzt, so kann sich ein bedingter Reflex zwischen Formel und Schmerz bilden, und es kommt trotz richtiger Formel zu einer Schmerzsteigerung. Meine Schmerzpatienten üben deshalb auch, wenn sie gerade schmerzfrei sind oder ihr Medikament optimal wirkt, und haben damit die besten Erfahrungen gemacht.

Die folgende Visualisation können Sie an das Autogene Training anschließen.

Die schmerzstillende Flüssigkeit

▬ Schließen Sie die Augen und stellen Sie sich einen Eimer mit einer klaren Flüssigkeit vor. Er ist ganz bequem mit Ihrer rechten/linken Hand zu erreichen. Können Sie ihn mit Ihrem geistigen Auge sehen? Ist der Eimer aus Metall oder aus Plastik? Welche Farbe hat er? Stellen Sie sich diesen Eimer so plastisch wie nur möglich vor. Vielleicht hat die Flüssigkeit sogar einen angenehmen Geruch oder riecht stark »medizinisch«? Die Flüssigkeit in diesem Eimer ist ein starkes Schmerzmittel. Dieses Anästhetikum ist derart wirksam, daß es mit Leichtigkeit jedes lebende Gewebe durchdringen kann und dieses Gewebe daraufhin umgehend taub gegenüber allen Empfindungen ist.

Visualisation zur Schmerzdämpfung

▬ Nun zählen Sie langsam und bewußt von 10 bis 0.

▬ Wenn Sie bis 0 herunter gezählt haben, heben Sie Ihre rechte oder linke Hand und tauchen sie bis zum Handgelenk in diesen imaginären Eimer. Tun Sie es wirklich, heben Sie Ihre Hand, denn wenn Sie so tun, als ob es Wirklichkeit ist, werden Sie zu Ihrer Überraschung entdecken, daß die verspürte Erleichterung ebenfalls wirklich ist.

▬ Spüren Sie, wie Ihre Fingerspitzen prickeln und das Anästhetikum schnell in sie eindringt.

▬ Sobald Sie das Prickeln oder eine andere Veränderung Ihrer Fingerspitzen spüren, tauchen Sie Ihre Hand langsam tiefer ein. Spüren Sie, wie die Taubheit bis zu Ihren Fingerknöcheln reicht, bis zu Ihrem Handballen, Ihrem Handrücken und nun ganz hinauf bis zum Handgelenk. Die Haut Ihrer Hand fühlt sich langsam wie eingeschnürt an, vielleicht brennt sie auch ein wenig.

- Wenn das Anästhetikum noch tiefer eindringt, spüren Sie allmählich ein taubes, hölzernes Gefühl in den Muskeln Ihrer Hand und Ihrer Finger.
- Die Taubheit dringt langsam noch tiefer, sogar die Knochen verlieren jegliches Gefühl.
- Drehen Sie Ihre Hand langsam in dem Eimer herum und stellen Sie sicher, daß die narkotisierende Lösung so tief wie möglich eindringt.
- Fühlen Sie, wie alle noch verbleibenden Empfindungen in Ihrer Hand langsam aus Ihren Fingerspitzen herausfließen und wie ein farbiger Sirup auf den Boden des Eimers sinken.
- Drehen Sie Ihre Hand solange weiter, bis Sie das tiefe Gefühl prickelnder Taubheit erreicht hat.
- Heben Sie nun Ihre Hand ganz langsam aus dem Eimer.
- Spüren Sie, wie die Flüssigkeit langsam abtropft und sich ein verstärkter Geruch verbreitet.
- Heben Sie nun Ihre Hand weiter aus dem Eimer und legen sie sanft auf den Teil Ihres Körpers, der schmerzt.
- Fühlen Sie, wie dadurch das tiefe Gefühl der Taubheit von Ihrer Hand auf den Schmerzbereich übertragen wird. Dies hat zur Folge, daß alle Anspannung und Verkrampfung, jeder Schmerz und jedes Unbehagen von diesem Körperteil in Ihre Hand übergeht.
- Nun tauchen Sie langsam Ihre Hand wieder in den Eimer, um diese schmerzhaften Empfindungen wieder zu entfernen. Sie werden beobachten, wie sich diese schmerzhaften Empfindungen von Ihrer Hand lösen und wie ein farbiger Sirup auf den Boden des Eimers sinken.
- Anschließend füllen Sie Ihre Hand erneut mit der schmerzvertreibenden Taubheit aus dem Eimer. Diesmal wird es wahrscheinlich viel weniger Zeit in Anspruch nehmen, um diesen Zustand zu erreichen, aber drehen Sie Ihre Hand solange herum, wie Sie brauchen, um wieder die völlig schmerzunempfindliche Taubheit zu erreichen, egal, ob es nun einige we-

nige Sekunden sind oder ob es sich um eine ganze Minute oder mehr handelt.

■ Wechseln Sie nun in Ihrem eigenen Rhythmus immer wieder vom Eimer zum schmerzende Körperteil und zurück. Sie können diesen Prozeß der Übertragung so oft wiederholen, wie Sie wollen, in ihrem eigenen Rhythmus. Bei jeder Wiederholung werden Sie noch mehr Wohlbehagen und Erleichterung in dem betroffenen Körperteil spüren. Mit jedem Mal, die Sie die Übertragung wiederholen, wird es für Sie immer leichter.

Tip

Durch Veränderung der Farbe und der Temperatur des Eimers in Ihrer Vorstellung (zum Beispiel eine Flüssigkeit mit Eiswürfeln oder Feuer unter dem Eimer) können Sie die Wirkung der schmerzdämpfenden Flüssigkeit verändern. Sie spüren recht schnell, was gegen den jeweiligen Schmerz besser wirkt.

Wenn Sie bereit sind, diese Übung zu beenden, schütteln Sie Ihre Hand einfach kräftig aus, um alle Gefühle in die Hand zurückzubringen, die vor Beginn der Übung vorhanden waren, und die Taubheit verschwinden zu lassen.

Wenn Sie diese Sitzung beendet haben, werden Sie sich nicht nur entspannt und wohl fühlen; Sie sind richtiggehend aufgeladen mit einem Gefühl der Energie. Ihre Schmerzen werden verschwunden oder doch zumindest stark gemindert und erträglich sein. Diese Übung hat sich selbst bei schweren Schmerzzuständen, aber auch bei Juckreiz bewährt.

Ob Sie die Entspannung zurücknehmen, sollten Sie vom Schmerz und Ihren anschließenden Tätigkeiten abhängig machen. Vorsicht beim Umgang mit Maschinen, Sie befinden sich in einem hypnotischen Zustand! Das kann so weit führen, daß Sie kleinere Verletzungen nicht wahrnehmen.

Heilung in Entspannung

1973 geschah in einem Krebszentrum in Los Angeles etwas Außergewöhnliches. Ein an Leukämie erkrankter Junge wurde innerhalb weniger Wochen gesund, obwohl man ihm keine Überlebenschancen gegeben hatte. Der Radiologe Dr. Carl Simonton *befaßte sich ausführlich mit dem Kind, um eine Erklärung für diese Spontanheilung zu finden. Gab es irgendwelche Vorgänge, die sich vielleicht auch bei anderen Krebspatienten anwenden ließen?*

Der Junge antwortete auf die direkte Frage, wie er es denn bloß gemacht habe, daß es ihm wieder so gut gehe: »Ich habe sie alle tot geschossen.« »Wen hast du tot geschossen?« »Die bösen Krebszellen! Genauso wie die Indianer!« Sollte das Kind vielleicht doch in die Psychiatrie gehören?

Die Situation ließ sich jedoch in der weiteren Unterhaltung zwischen dem Jungen und Dr. Simonton *klären. Ein Assistenzarzt hatte, während ein Cowboyfilm im Fernsehen lief, ganz nebenbei erwähnt: »So wie die Cowboys die Indianer im Film wollen wir die Krebszellen in deinem Körper mit dem Medikament abschießen, das ich dir jetzt spritze.« Wie sich herausstellte, hatte der kleine Patient diesen Hinweis sehr ernst genommen. Ständig stellte er sich vor, wie das Medikament in seinem Körper die Krebszellen angriff. Seine Lieblingsfilme lieferten, wohl unbewußt, den wirkungsvollen akustischen Hintergrund.*

Die **Visualisationstherapie bei Schwerkranken** nahm damit ihren Anfang. Klinische Versuchsreihen bestätigten, daß derartige innere Bilder und Gefühle das körpereigene Abwehrsystem zu Höchstleistungen stimulieren können. Auch die bereits unter Psychologen verbreitete Ansicht, Krebspatienten seien meist zu liebe und zu sanfte Menschen, konnte durch wissenschaftliche Untersuchungen belegt werden. In einer eigenen Klinik mit angegliedertem Forschungszentrum entwickeln *Dr. Simonton* und seine Mitarbeiter seitdem spezielle Vorgaben für innere Bilder, die besonders geeignet sind, die körpereigene Abwehr zu stimulieren und die Akzeptanz des Körpers für Krebsmedikamente zu verbessern.

Innere Bilder und Gefühle können das körpereigene Abwehrsystem zu Höchstleistungen stimulieren.

Von den Bildgeschichten, die Patienten dort als Hausaufgabe bekommen, habe ich Ihnen eine ausgewählt, die eine allgemeine Kräftigung bewirkt, die Wirkung von Medikamenten unterstützt oder gezielt gegen unerwünschte Strukturen im Körper vorgeht. Wenn Sie diese Geschichte einmal verinnerlicht haben, kennen Sie das Prinzip, nach dem Sie selbst eine Visualisation, ganz auf Ihre eignen Bedürfnisse zugeschnitten, gestalten können.

Der innere Ruheort

Lesen Sie sich diese Geschichten mehrmals durch, am besten bereits im entspannten Zustand, und kontrollieren Sie, ob Sie alles genügend verinnerlicht haben. Mit Kindern erleben Sie derartige Geschichten in einem Zwiegespräch. Durch Fragen führt der Begleiter immer tiefer in die Situationen hinein. Auch eine selbstgemachte Tonbandaufnahme, auf der nur die jeweiligen Szenen skizziert werden und lange Pausen Raum für das innere Erleben lassen, kann eine Hilfe sein.

Wichtig

Legen Sie sich eine oder mehrere Früchte bereit, die Sie gerne essen. Sie sollten für Sie besonders ansprechend sein.

Nachdem Sie sich über das Autogene Training entspannt haben, lassen Sie bitte vor Ihrem inneren Auge das Bild eines

Baches entstehen. Nehmen Sie mit allen Sinnen, nach dem Prinzip der Wahrnehmungsrotation, diesen Ort wahr. Wie lange Sie hier verweilen, sollten Sie davon abhängig machen, wie deutlich sich das innere Bild aufbaut. Anfangs dauert dies etwas länger, später fühlen Sie sich in Ihrer inneren Welt schnell wohl und zu Hause.

Ein Weg am Bach entlang führt in Richtung der Quelle. Wie dieser Weg aussieht, wird Ihnen Ihr Unterbewußtsein vermitteln. Nach einiger Zeit kommen Sie an einen kleinen Teich, aus dem der Bach herausfließt. Es ist eine Thermalquelle, in die Sie selbst an eiskalten Wintertagen gerne hineinsteigen werden.

Ihr Unterbewußtsein weiß, was für eine Jahres- und Tageszeit jetzt gerade für Sie herrscht. In der Rotationswahrnehmung machen Sie sich mit dem Ort vertraut.

Ein Bad in diesem mit den heilenden ätherischen Ölen vermischten und angenehm warmen Wasser ist Ihr sehnlichster Wunsch. Sie legen Ihre Kleidung ab und tauchen in das sich wie ölig anfühlende, angenehm duftende Wasser hinein. Sofort spüren Sie, wie ein Austausch von Stoffen über Ihre Haut beginnt. Dunkelbraune (oder andersfarbige) Nebelwolken treten aus Ihrer Haut aus und werden vom Wasser weggespült. Gleichzeitig dringen die Öle in Ihren Körper ein und führen dazu, daß jede Zelle innerlich zu leuchten beginnt. Sie bleiben, ganz fasziniert von diesem Geschehen, das mit äußerst angenehmen Gefühlen einhergeht, stehen. Erleben, spüren, fühlen, riechen. Ein angenehm frischer Geschmack breitet sich in Ihrem Mund aus und zeigt an, daß die heilenden Öle über Haut und Blutgefäße bis zur letzten Zelle Ihres Körpers vorgedrungen sind.

Sie spüren, wie der Atem immer gleichmäßiger und tiefer wird. Schlacken und Ablagerungen werden aus der Lunge gelöst und abgehustet. Ein freies, weites Gefühl entsteht in Ihrer Lunge. Das sich zunehmend entwickelnde Wohlbefinden ist kaum noch zu beschreiben. Langsam gehen Sie aus dem Wasser heraus, spüren die angenehme Kühle dieses Tropenabends. Spüren, wie das ölige Wasser von Ihrem Körper abtropft und eine makellos reine und schöne Haut hinterläßt. Sie nehmen Ihre Kleidung und ein Körbchen mit Früchten, das daneben lag, und machen sich auf den Heimweg.

Während Sie am Bach entlang in die Dämmerung schreiten, wird Ihnen noch einmal bewußt, wie herrlich Ihr Körper leuchtet und strahlt, wie faszinierend und kraftvoll Ihre Figur ist. Jeder Schritt, jede Bewegung ist ein Genuß, ein Dahinschweben. Noch nie haben Sie sich so wohl gefühlt!

Auch nachdem Sie sich aus der Entspannung gelöst haben, wird jedesmal wenn Sie von den Früchten langsam und bedächtig essen, in Ihnen die Erinnerung an dieses bisher einmalige Erlebnis wach werden.

Wichtig

Licht, Helligkeit, helle und dennoch kräftige Farben spielen eine ganz entscheidende Rolle in heilenden bildhaften Vorstellungen. Moderne Meßinstrumente belegen, daß eine gesunde Körperzelle Lichtphotonen aussendet, und zwar desto mehr, je gesünder die Zelle ist. Die richtigen inneren Bilder scheinen Körperzellen förmlich zu beleben. Dehnen Sie die Szenen zeitlich aus, die auf Ihr spezielles gesundheitliches Problem eingehen.

Die Bemerkung »Ihr Unterbewußtsein weiß, ...« schafft den notwendigen Freiraum für die Körperintelligenz, um jene Dinge zum Ausdruck zu bringen, die in der jeweiligen Situation die Heilung am besten fördern. Mit Körperintelligenz ist jenes innere Wissen gemeint, das all unsere Körperfunktionen lenkt und koordiniert. Daß diese Geschichten wirken, besonders dann, wenn man alle begleitenden Wahrnehmungen und Gefühle intensiv durchlebt (Rotationswahrnehmungstechnik), ist in exakten klinischen Untersuchungen belegt. Noch nicht eindeutig geklärt ist, ob die bildhaften Vorstellungen direkt etwas bewirken oder ob allein die durch sie eingeleitete, gesteigerte Durchblutung und gedankliche Harmonie für die Wirkung verantwortlich ist.

In wohliger Entspannung können Sie mehr über sich selbst erfahren.

Sich selbst erfahren

Entspannung ist auch hilfreich, um etwas mehr über sich selbst zu erfahren. Beobachten Sie einmal, im Liegen oder Sitzen, Ihren Körper. Wie berühren die Füße und der übrige Körper den Boden? Ist das entspannt und locker? Geht es noch bequemer? Nehmen Sie den Unterkörper wahr. Lassen Sie die Beine locker werden, bringen Sie den Rücken in eine bequeme Position, anschließend die Arme, den Hals, den Kopf. Sorgen Sie dafür, daß Ihr ganzer Körper entspannt ist. Wenn Sie irgendwo eine angespannte Stelle finden, dann gehen Sie mit Ihrer Wahrnehmung dorthin. Lösen Sie die Spannung, indem Sie tief Luft holen und dort hinein atmen oder summen.

Nun führen Sie über das Autogene Training Ihren Körper in eine vertiefte Entspannung und wenden sich dann ihren Gedanken zu, wobei Sie nicht eingreifen, sondern einfach nur wahrnehmen: »Was denke ich gerade?« Sie schauen einfach nur Ihren Gedanken zu. Ganz unbeteiligt, wie im Kino.

Jetzt greifen Sie einen Gedanken heraus und überprüfen, ob dieser Gedanke Ihren inneren Maßstab erfüllt. Entspricht dieser Gedanke Ihrer Vorstellung von einem stimmigen Leben? Hilft er, Ihre Ziele zu verwirklichen?

Sollte das nicht der Fall sein, so ändern Sie bewußt diesen Gedanken. Denken Sie ihn neu, anders, so, daß er Ihnen ganz entspricht. So, daß Sie sagen können: »Jawohl, so entsprichst du meinem inneren Maßstab. So hilfst du mir, meine Ziele zu verwirklichen.«

Natürlich können Sie auch bewußt einen neuen Gedanken denken. Schaffen Sie einmal aus dem Nichts einen Gedanken. Ganz gleich was, einen Gedanken, der Ihrem inneren Maßstab entspricht.

Nun wenden Sie sich Ihren Gefühlen zu. Was fühlen Sie gerade? Machen Sie sich bewußt: »Was fühle ich? Wie fühle ich mich?« Natürlich können Sie auch Ihre Gefühle verändern:

- Stellen Sie sich vor, Sie treten vor einen inneren Spiegel.
- Schauen Sie hinein, sehen Sie Ihr Spiegelbild an.
- Ihr Spiegelbild lächelt Ihnen zu. Erlauben Sie, daß dieses innere Lächeln sich in Ihrem ganzen Körper ausbreitet, bis es auch außen, in Ihrem Gesicht, in Erscheinung tritt.
- Stellen Sie sich einfach vor, jede Körperzelle lächelt. Sie haben hundert Billionen Zellen, lassen Sie jede einfach lächeln.
- Spüren Sie, wie Ihr Körper sich gleich viel wohler fühlt.
- Mit diesem Lächeln auf den Lippen öffnen Sie die Augen und sind einfach wieder ganz bewußt hier.

Gefühl der guten Laune schaffen

Machen Sie sich bewußt, wer gerade Ihren Körper beobachtet hat. Wer hat die Gedanken und die Gefühle optimiert? Wer hat Ihre Laune verbessert? Das waren Sie selbst! Der, der Sie wirklich sind, denn Sie sind nicht der Körper, Sie sind nicht der Name, den Sie tragen. Sie sind nicht Ihre Vergangenheit, Sie sind nicht die Rolle, die Sie spielen. Häufig sind noch nicht einmal die Gedanken, die Sie denken, Ihre Gedanken.

Sie sind Bewußtsein! Sie sind die lenkende Kraft hinter Ihrem Körper und seinen Organen. Auch Ihr Gedächtnis ist nur etwas, das Sie benutzen. Vielleicht liegt darin der Sinn des Lebens, sich immer mehr dieser Tatsache bewußt zu werden, sich nicht vom Körper und fremden Gedanken steuern zu lassen, sondern dem Körper einen Weg zu weisen, wie er gesund, leistungsfähig und frei von Süchten und Zwängen bleibt.

Warum machen wir uns unsere Überlegenheit über Zeit und Raum so selten bewußt? Warum fühlen wir uns nicht einfach immer so, wie wir uns ganz tief drin wirklich empfinden? Als ewig Junggebliebene, die lediglich das zeitliche Altern ihres Körpers anerkennen. Älter werden muß nicht kränker werden bedeuten. Machen wir uns doch mit Hilfe des Autogenen Trainings, einer gesunden Lebensweise und gesunder Gedanken zu ewig Junggebliebenen – bis wir vielleicht einmal Interesse daran haben, unseren jetzigen Körper zu verlassen.

Sachregister